Das Coming-Out der anderen Art

Danksagung

Es gab in meinem Leben sehr viele Menschen, die mir erlaubt haben, während unserer Freundschaft einiges an Lebenserfahrung anzueignen. Ich danke meinem Vater, meiner Schwester und auch meinem Sohn und vor allem meiner Partnerin dass sie mich lieben und mich in diesem schwierigen Leben begleiten.

Karin Urabel

Das Coming-Out der anderen Art – mein Herz ist kämpferisch

Bibliografische Information der Deutschen Nationalbibliothek
Die Deutsche Nationalbibliothek verzeichnet diese Publikation in der
Deutschen Nationalbibliografie; detaillierte bibliografische Daten sind im
Internet über http://dnb.dnb.de abrufbar.

© 2016 Karin Urabel

Umschlaggestaltung, Herstellung und Verlag:
BoD – Books on Demand
ISBN 978-3-7412-1736-4

Anfang und Therapie

Der Begriff Psychopathologie ist die Beschreibung abnormer psychischer Phänomene. Die Schizophrenie wird bei einem Menschen diagnostiziert, der mindestens neun Faktoren erlebt in seinem Alltag und das über eine Dauer von einem Monat. Ich habe verschiedenen Bücher gelesen und festgestellt, dass meine Krankheit als unheilbar und vor allem als sich verschlechternd beschrieben wird. Meine Erfahrung ist, dass es zwar gewisse Dinge gibt, die ich mit mehr Mühe mache also nicht kochen und gleichzeitig Hausaufgaben mit meinem Sohn machen kann.. Aber es gibt auch das wichtige Konzept von „Recovery" also aus dem Englischen für Wiederherstellen und genau deshalb bin ich voller Hoffnung für die Zukunft.

Ich habe es unterlassen die genauen psychiatrischen Aussagen niederzuschreiben, weil die Ärzte oftmals vergessen dass es MENSCHEN sind, welche in Kliniken sind und nicht nur Patienten. Mit meinem Psychiater heute habe ich sehr gute Erfahrungen: er diskutiert mit mir anstatt nur zuzuhören und macht mit mir am Computer ein kognitives Training: ich muss anhand von einer Bilderreihe am Bildschirm entscheiden, um welchen Inhalt es sich handeln könnte und die Geschichte wird dann am Schluss aufgeschlüsselt. Ich werde gefordert, was mir sehr gefällt. Es gibt sicherlich viel, sehr viel, das man selbst steuern kann auch als Schizophrenie Erkrankte.

An einem Dienstag in Italien in der Nähe von Pontassieve in der Toskana sass ich auf einem unbequemen Stuhl wie jeden Dienstagnachmittag um 14 Uhr und versuchte der Frage von meiner Psychologin „was würde man über Sie verstecktes, heimliches erfahren in einer Therapie?" nachzugehen.

Ich war erst am Anfang mit ihr: Frau Calli hatte eine nette aber bestimmte Art, mir klar zu machen dass wir nun mit der Gesprächstherapie psychisch tief schürfen würden. Nur damit ich wieder gesund werden konnte. Anfänglich dachte ich dass meine Diagnose Depression wäre, erst einige Jahre später sollte es heissen dass es sich um Schizophrenie handelt.

Als Patientin war ich sehr angenehm: ich hörte aufmerksam zu, erzählte von meiner Kindheit über Jugendzeit und ich wusste oftmals intuitiv was sie mich gleich fragen würde und wir waren ein eingespieltes Gespann mit der Zeit: ich war insgesamt 10 Monate in Behandlung. Das war jede Woche einmal und ergab vierzig Male bei einer Gesprächstherapie das Ganze zu geben war viel. Ich hatte denn auch eine Art Erschöpfungszustand wenn ich dann wieder am jeweiligen Abend zu

Hause war. Es hallte in mir :mein Unterbewusstes und arbeitete ständig weiter .Oft hatte ich das Bedürfnis mit jemandem zu reden, der mich verstand. Nun leider war das für mich vor allem meine Mutter gewesen und eben weil sie gestorben war so unerwartet, war bei mir die Krankheit ausgebrochen. Mangels finanziellen Möglichkeiten konnte ich nicht lange telefonieren mit meiner Schwester in Zürich: dies tat ich meistens Sonntag. So blieb ich alleine mit mir und meinen vielen Gedanken, die oft immer und immer wieder kreisen im Kopf. Ich konnte nicht abschalten. Schlafstörungen machten sich bemerkbar und ich fühlte mich erschöpft.

Über die Frage, die Frau Calli mir immer wieder stellte dachte ich jedes Mal über eine mögliche Antwort nach. Nun mit der Zeit kam ich schliesslich zum Schluss, dass ich lesbisch und nicht für das Eheleben mit einem Mann geschaffen bin." Die Therapie brach ich kurz darauf ab. Ich brauchte sie nicht mehr, hatte ich das Geheimnis doch gelüftet.

Ich hatte von ihr schon einige Zeit geträumt: Adele mit ihren blonden Haare, zu einem Pagenschnitt getragen und braunen Augen und wusste, dass ich in sie verliebt war. 2007 irgendwann im August: sie war in den Ferien und ich musste warten, bis sie zurückkam um es ihr zu sagen. Leider war sie heterosexuell, verheiratet und kündete mir die Freundschaft. Es war hart, sie plötzlich nicht mehr Mal sehen zu dürfen. Ich war psychotisch das heisst ich hatte einen Schub/eine Krise der Schizophrenie. Ein Jahr später trennte ich mich von meinem Mann und musste von der zuständigen Sozialarbeiterin hören „Sie sind krank und deshalb verlieren Sie das Sorgerecht für ihren Sohn": Nikolas war elf jährig und ich musste ihn zurücklassen als ich am 18.8.2008 nach Zürich zurück in mein Heimatland Schweiz ging.

Schizophrenie hat nichts mit Multiple Persönlichkeitsstörung zu tun. In der sogenannten Psychose hört der Kranke Stimmen und hat unter Umständen Wahnvorstellungen, so ist es auch bei mir gewesen. Es ist ein grosser Unterschied ob man im Gebet zu Gott Kraft und Hoffnung findet oder in einer Sekte nach Antworten sucht, die aber nie befriedigen. Ich kenne beides.

Zudem habe ich herausgefunden, dass es bei mir wie drei Phasen der Psychose gibt. In der ersten habe ich Gedankenkreisen: bin am Einkaufen und überlege, ob ich noch Waschmittel brauche, als plötzlich ein Gedanke wie eine Leuchtreklame in meinem Kopf ist und sagt: „du musst mehr Sport machen" dieser Satz höre ich dann oft innerhalb von einem Tag. Die zweite ist gekennzeichnet mit Stimmen hören. Ich glaube an Engel und an eine andere Dimension, als wir sie wahrnehmen können. Die Stimmen sind eingeflüstert vom Teufel oder Geister. Meine eigene Stimme spüre ich im Herzen. Dadurch dass ich manchmal diese Stimmen von den anderen nicht unterscheiden kann, belastet mich. Manchmal sind es den ganzen Tag zwei Stimmen: immer eine männliche und eine weibliche, die diskutieren: laut und ich schicke diese Stimmen mental weg. Es gibt Schizophrene die laut im Tram oder Zug mit diesen Stimmen reden: das ist beängstigend für andere und ich mache deshalb vieles mental.

Die männliche Stimme sagt: „Sie muss mehr Sport machen" und die weibliche Stimme antwortet „sie kann nicht" und wieder die männliche Stimme: „sie muss aber" und so geht das weiter. Nicht wie die Mediziner es beschreiben, dass die Stimmen aus einem Individuum selbst heraus kommen, bin ich mir sicher, dass es eben Stimmen von Aussen eingeflüstert sind. Ich habe auch von einer Gruppe gehört, die sich „die Stimmenhörer" nennt und deren Leiterin sich in eine ihrer Stimmen regelrecht verliebt hat, was für mich eine Bestätigung ist, dass die Stimmen nicht die eigen, sondern eigenständig sind.

Bei diesen zwei Phasen kann man sich gut mit dem Psychiater absprechen, mehr Medikamente zu nehmen und ein, zwei Wochen krankgeschrieben zu werden und zu Hause zu bleiben. Denn ganz wichtig ist in dieser Zeit die Ruhe: weniger Einflüsse von Aussen zu haben ist wichtig.
In der dritten Phase kommen die Wahnvorstellungen hinzu. Eine davon ist die Angst, von der Polizei weggebracht zu werden auf offener Strasse. Oft haben die Wahnvorstellungen Ursache vom Unterbewussten: also Themen, die für einen tatsächlich wichtig sind, kommen in anderer Form wieder zu einem. Nun, da in Zürich oft das Polizei Auto fährt, ist es nicht erstaunlich, wenn ich in der Psychose das Gefühl habe, bewacht zu werden. Aber das ist sicher eine der harmloseren Vorstellungen.

Die richtige grosse Krise habe ich bisher nur einmal erlebt. Obschon ich schon seit 2008 in der Psychotherapie bin bei Psychiater kann es auch Verschlechterungen geben. Trotzdem oder eben gerade weil man eine Arbeit mit sich selbst macht.

Im Mai 2011 wurde ich von meiner Schwester Sandra in die Klinik eingewiesen: ich erinnere mich nicht mehr, wie ich war. Sie beschreibt aber meinen Zustand als dramatisch: ich war katatonisch also steif am ganzen Körper und wie „ferngesteuert" redete perverse Dinge, die mir in normalem Zustand zuwider sind. Ich beschuldigte meinen Vater des sexuellen Missbrauchs. Das entsprach nicht der Realität. Was meiner Schwester vorkam wie eine Beeinflussung von aussen würden die Fachärzte nicht bestätigen. In der Psychiatrie ist die Rede von EIGENEN Stimmen und dass jemand wie „ferngesteuert" wirkt ist einfach zufällig Teil von einer Diagnose, die bekannt für Wutanfälle ist. In den Medien werden ja sofort Straftaten jemandem mit Schizophrenie zugeschrieben, obschon niemand genaueres weiss.

Die Umstände waren schwirig für mich damals. War ich doch wegen Wahnvorstellungen in der Klinik gewesen im Oktober 2010 weil ich ernsthaft in Betracht zog, mich einer Geschlechtsumwandlung zu unterziehen. Diese Vorstellung kam weil ich die posttraumatischen Störungen nicht aufgearbeitet hatte: in meinem Leben habe ich schon oft Gewalt erlebt und diese Szenen kamen immer wieder ins Bewusstsein. Zum Glück bekam ich innerhalb von wenigen Wochen zwei Termine bei dem Chirurgen, der solche Operationen vornahm. Ich fühlte mich von ihm ernst genommen: ich musste auch drei Aufsätze über sexuelle Wünsche und Gedanken seit Jugend aufschreiben. Nun ich erzählte, wie ich mich immer wieder in Mädchen verliebt hätte und zuletzt im 2007. Das Gespräch verlief überraschend für mich: er las meine drei Aufsätze und lachte einmal schallend los. Er meinte dann, dass er mir sehr ans Herz legen würde, diesen Weg nicht weiter zu gehen und dass ich in der Psychotherapie weiter machen sollte mit dem Thema „Mann".

Jugendjahre

Zudem kam die religiöse Orientierung und das seit dem 19 Lebensjahr Teil einer buddhistischen Sekte. Ich verliess die Sekte SGI nach 18 Jahren im November 2010. Ich war wie in einem Hamsterrad gefangen gewesen die letzten anderthalb Jahren. Die Organisation spannte mich immer mehr ein. Es waren vielfältige Aufgaben: als Bezirksleiterin war ich für drei Gruppen von insgesamt etwa 30 Frauen zuständig. Rund um die Uhr konnten mir die Frauen anrufen und ich ging sie zu Hause besuchen. Die Führung der erfahrenen Leiterinnen war dass man zumindest bei einem solchen Besuch eine halbe Stunde „chantet" und zwar das Mantra „nam myoho renge kyo" vor der Pergament-Rolle dem sogenannten „Gohonzon" das bedeutet „das zutiefst verehrende". Anschliessend sollte man der betreffenden Frau zuhören und Rat geben nach den Richtlinien von Präsident der SGI Daisaku Ikeda.

Dazu gibt es viel Literatur und ich habe sie alle gelesen: auf Deutsch, Englisch und Italienisch. Unzählige Bücher habe ich gekauft und hoffte, in diesem Leben Gutes tun zu können.

Mir wurde die Verantwortung zu viel und eine gute Freundin, zumindest dachte ich damals sie wäre eine, riet mir eindringlich die Medikamente abzusetzen: ich würde zum Monster werden wenn ich diese um 18 Uhr nahm. Nun ich wollte kein Monster sein, hatte aber die Erfahrung gemacht, dass ich mit meinen Psychosen sonst nicht leben konnte. Es war nicht nur dieses Dilemma wegen den Medikamenten, ich fühlte mich überfordert eine Verantwortliche zu sein unter gesunden Menschen, wo ich doch sehr angeschlagen war.

Mein Sohn fehlte in meinem Leben und nicht wenige sagten zu mir, dass meine Depression, die sich immer wieder zusätzlich bemerkbar machte, von der Leere kam, die ich nicht ausfüllen konnte. Nun ich war am Rande eines Nervenzusammenbruchs weil ich nur noch temporäre Arbeiten fand, keine Feststellen mehr und mich alle drei bis vier Monate komplett an ein neues Arbeitsklima gewöhnen musste.

Nach dem Austritt aus der Soka Gakkai International suchte ich halt an einem Ort, die von Geister nicht nur hörten, sondern bestimmte Menschen sie auch sehen und reden konnten mit ihnen: ich ging in die parapsychologische Gesellschaft in Zürich am Rande der Stadt. Ich nahm an einem Abend an einem Treffen mit einem Medium, einer amerikanischen Frau teil. Durch ihre Erfahrung mit Geistheilung liess ich mich überzeugen, dass ich auch solche Fähigkeiten hatte. Schliesslich schrieb ich mich für den Kurs „Heiler zu sein ist lernbar" und als ich länger mit Rafael sprach und der mich auch ermutigte trotz Krankheit mitzumachen in der Gruppe, spürte ich neue Hoffnung. Ich bezahlte den für mich hohen Betrag und zwölf Sitzungen würden folgen. Meine Schwester merkte in der Zeit, dass ich sehr zu Gott gefunden hatte und auch darüber sprach, dass ich betete. Ich war mir sicher, dass es eine Bestimmung gibt im Leben. Aber ich sollte lernen, dass man zwar Geister heraufbeschwören kann, dann aber oftmals mit diesen nicht umgehen kann, weil nur die Zuflucht zu Gott wirklich hilft, gesund zu werden.

Eine der Gründe weshalb jemand psychisch krank wird ist die Vulnerabilität, das heisst ein Mensch ist besonders sensibel und nimmt vieles auf wie ein Schwamm und ist unfähig, Dinge zu verarbeiten.
Nun ich war schon sehr früh vulnerabel.

Kindheit

Meine Mutter hatte eine schwierige Schwangerschaft 1973: Sie war 29 Jahre alt und hatte schon meine Schwester, die drei jährig war. Damals im Januar wurde meinem Vater eine ansteckende Form von Tuberkulose diagnostiziert: niemand wusste, ob er wieder gesund werden würde, da es sich um eine besonders aggressive Form der Krankheit handelte. Er musste nach Arosa im Graubünden, in den Bergen in der Höhe, in Kur gehen. Später erzählte er meiner Mutter, dass die anderen Patienten in die Kneipe gingen und tranken. Er dachte an seine Familie und ging jeden Tag mehrere Stunden spazieren, damit seine Lungen sich wieder regenerierten. Da es sich um einen ansteckenden Virus handelte, musste ein Team die ganze Wohnung meine Eltern desinfizieren: alles, einfach alles war mit einem Gas benetzt worden. Da es sich um Leute handelte, die wie im Weltall angezogen waren, sahen die Nachbarn, dass so etwas Gefährliches war bei mir zu Hause. Die Folge war, dass die Nachbarn meine Mutter nicht mehr grüssten, vor allem keine Hand mehr gaben. Meine Mutter hatte keine Freundinnen aber die Kiosk Chefin in Zürich Altstetten ermutigte meine Mutter, mit ihr zu reden. Glaube dass sich Flora, meine verstorbene Mutter nie beklagt hat und

auch ihre Schwiegermutter schrieb ihr in dieser schwierigen Zeit einen Brief, in dem sie dankte, dass sie meinem Vater beistand, indem sie auf sich und meine Schwester aufpasste.
Im Mai 1973 starb mein Onkel, der jüngste Bruder meiner Mutter an Krebs: es hatte ihn sehr schnell, in wenigen Monaten hingerafft. Meine Mutter Flora durfte sein Leichnam nicht mehr sehen, weil sie ja schwanger war. Sie hätte gerne von ihm Abschied genommen. Und schliesslich kam ich am 1. Oktober auf die Welt: zwei Wochen verspätet und mit grosser Eile wie es schien: denn ich kam so schnell heraus, dass ich mir das Schlüsselbein gebrochen habe. Flora sah mein verdrehtes Ärmchen und dachte: oh sie ist behindert. Dann machten die noch ein Foto von ihr und mir und dann dachte sie, ich müsse sterben. Aber die im Krankenhaus wussten ja, dass mein Vater weg war und wollten ihr nur das Bild für ihn mitgeben: ja, meine Mutter hatte es schwer gehabt. So war ich also vulnerabel seit Geburt und weinte viel in der Nacht. Flora sagte deshalb zu mir: du hast alles gespürt, was ich durchgemacht hatte und kein Wunder, spürst du Dinge, die andere nicht spüren.
Schliesslich konnte mein Vater mich in Armen halten ich war drei Wochen alt. Er hatte Urlaub im Oktober und dann im März, nach über einem Jahr

kam er wieder nach Hause: gesund und nahm seine Arbeit wieder auf.

Zu erwähnen ist auch meine drei Jahre ältere Schwester: sie hat mich schon als Kind sehr lieb gehabt. Wir waren sehr unterschiedlich: sie sehr ruhig, ich tanzte und singte gerne und ich sprach viel, wir beide hatten einander viel zu geben. Wenn die Eltern wieder mal schwiegen über alles, was uns interessierte, konnten wir in eine Welt eintauchen, in der die Plüschtiere sprachen: echt, bei uns bekamen Janosch Lubomirska Andele Müller als Plüschhund einen eigenen Charakter und auch die Plüschhasen Stefan und Vreni. Es waren nicht mehr wir, die sprachen es waren die Tiere selbst, die lebendig wurden. Die Tiere sprachen auf Hochdeutsch: meine Mutter war Schweizerin, mein Vater ist Österreicher und spricht Hochdeutsch kein Österreichisch mit uns.

In der Schule waren meine Schwester und ich herausragend: alles sehr gute Noten in allen Fächern, ich allerdings im Sport nur genügend.

Ich lebte gerne in Zürich: noch heute liebe ich den See und fahre Schiff so oft ich kann. Es beruhigt mich auf See zu sein, in den Wellen Kaffee zu trinken und mit offenen Augen zu träumen.

Jeden Sommer, also von Mitte Juli bis Mitte August waren wir vier Wochen in Österreich in Velden am

Wörthersee in Kärnten. Dort lebte die Mutter meines Vaters und seine Schwester: sie hatte einen Sohn. Ich hatte keinen Draht zu meinem Cousin und so blieb es. Meine Grossmutter liebte ich, sie gab mir auch am Abend von ihrem Lebensmittelladen die neuesten Comic-Hefte mit zum Lesen. In einer Nacht las ich etwa drei Comichefte mit Batman und Superman und anderen Helden. Ich war überglücklich, jedoch sah ich die ältere, kleine und kompakte Frau nur hinter dem Tresen im kleine Lebensmittelladen Leute bedienen. Meine Tante führte allein das Restaurant und obschon meine Mutter dagegen war, quartierte sie den Koch in unserem grossen 200mq grossen Haus unten ein. Alle Köche machten viel . Aber wir hatten ja trotzdem unsere Privatsphäre weil wir oben wohnten: es waren zwei Schlafzimmer und ein Wohnzimmer: die Terrasse hinter dem Haus war spektakulär gross und wir hatten Sicht auf den Wald: am morgen früh kamen Rehe und Hirsche vor das Haus und wir waren entzückt. Soviel Natur habe ich mitbekommen als Kind und wir gingen fast jedes zweite Wochenende Wandern in der Schweiz. Als ich etwa acht Jahre alt war machte ich Wandertouren von fünf, sechs Stunden insgesamt, auch meine Schwester war eine gute Wanderin.

Meine Eltern hatten eine halbe Stunde mit dem Fahrrad entfernten Gemüsegarten. Ich half nicht viel: manchmal erntete ich Bohnen oder half die Himbeeren abzunehmen, natürlich ass ich auch jede Menge davon.
Meine Eltern verbrachten also viele Stunden im Monat im Garten und bei Jäten, Einpflanzen und Blumen pflücken und Ernte einholen waren beide beschäftigt, redeten wohl nur miteinander wenn sie Pause machten und tranken etwas Kühles zusammen. Oft kam meine Mutter nach Hause und duschte erst mal. Dann kochten und assen wir das frische Gemüse und meine Eltern waren guter Laune. Was sich auch auf uns Kinder auswirkte. Ich schlief dann besonders früh und selig ein.

Sieben bis Vierzehn

Als Siebenjährige fing ich an intensiv zu beten: meine Mutter hatte eine Unterleibsoperation und sollte nach einer Woche wieder nach Hause kommen. Aber es verzögerte sich um eine Woche und mein Vater sagte mir nicht, weshalb. Auf jeden Fall dachte ich doch voll dass meine Mutter sterben würde und betete: „Lieber Gott, bitte lass Mami leben und ich werde auch immer brav sein und ihr helfen im Haushalt" Nun meine Mutter kam nach

Hause: erschöpft aber doch frohen Mutes und ich half tatsächlich viel im Haushalt: lernte sogar zu bügeln: also vor allem die Hemden waren zeitaufwendig.

Ich war eher die Einzelgängerin in der Schule in der Grundschule von 7 bis 9 Jahre: Oft stand ich irgendwo auf dem Pausenplatz alleine, oft ass ich einen saftigen Apfel. Oft war ich ohne den Gedanken an „Spielen". Wenn eine Gruppe Kinder aus meiner Klasse zu mir kamen, war es meistens weil sie mich verspotteten. Auf jeden Fall genoss ich das Alleinsein auch oder wenn ich etwas machen wollte, schaute ich einfach was die Buben gerade so machten: Murmelspielen oder Fussballspieler-Aufziehkleber untereinander tauschen.
Und dann passierte etwas völlig Unerwartetes: ich wurde handgreiflich: das eine Mal jedoch nur. Es war wieder mal in der Umkleidekabine von uns Mädchen nach dem Turnen, als Bernhard die Türe aufriss und uns nackte Mädchen anstarrte. Weshalb mir der Kragen platzte genau an dem Tag weiss ich nicht, aber es passierte: ich sprang auf den etwas grösseren Bernhard, stellte ihm das Bein, so dass er unter mir zu liegen kam musste. Ich drohte mit der Faust und er blieb erstaunlich ruhig liegen: mit offenem Mund und weitaufgerissenen Augen. Leider hatte jemand sofort die Lehrerin und den Abwart

informiert und meine Lehrerin Frau Fröhlich tadelte mich: ein Mädchen schlägt nicht um sich, halt sich zurück.

Ich schwärmte heimlich für diese junge, gutaussehende Frau, die jetzt Bernhard aufhalf und alle Jungs draussen im Gang wegschickte. Sofort gab es ein grosses Gemurmel und jemand rief „Die ist voll durchgeknallt" also das dachten einige meiner Mitschülerinnen. Nun gut, ich musste dann nochmals alleine mit der Lehrerin über den Vorfall sprechen und sie sagte mir auch, dass sie meine Eltern informieren würden. Erst jetzt begriff ich, dass ich voll in Schwierigkeiten steckte und hätte mir einen Engel als Freund gewünscht, der mich in den Arm nimmt. Meine Eltern reagierten mit Verwunderung und Ärger und fanden es gerechtfertigt, dass ich zu Bernhard nach Hause und mich entschuldigen musste. Ich kam dort an, klingelte an der Türe und ein grosser stämmiger Mann stellte sich als sein Vater heraus. Als Bernhard zu mir raus kam, machte ich vier Schritte zurück, so dass er mitgehen musste, wollte er mich hören, was ich sagte. Der Vater stand im Türrahmen und konnte uns bestimmt nicht hören als ich sagte: „Du bist ein Arschloch, schau nur zu dass du nichts erzählst, sonst hau ich dir nochmal eine runter!" Nun Bernhard ging wieder ins Haus. Aber anscheinend hat er nicht gepetzt, denn ich wurde von da an in Ruhe gelassen sowohl in der Umkleidekabine wie auch sonst von den meistens Mitschülern.

Wir machten auch Spiele im Schulunterricht. Lustig war es als wir im Januar den Dreikönigstag feierten: in den Kuchen wird von der Bäckerin eine Plastikfigur reingetan, so dass jemand König oder Königin wird an dem Tag. Nun wir waren drei Königinnen und zwei Könige in der Klasse. Die durften nacheinander regieren: also Dinge befehlen zu machen.
Es stellte sich heraus, dass es anstrengend war, für die anderen Projekte auszudenken also nicht nur eine Stunde den König malen oder ein Rechner-Wettbewerb machen, sondern die Auserwählten wurden schnell müde und verstanden, dass auch Eltern-Sein so ähnlich sein muss: dass es deswegen vielleicht so ist, dass Mami und Papi ab und zu müde sind.

Mein Vater war immer der erste, der frühstückte und meistens, also Jahre über Jahre entdeckte er den König als erster. Der Frust war gross, weil ich dann früher als sonst aufstand und hoffte, das Teil zu finden. Mein Vater hat aber nie den König wieder in den Kuchen getan, das muss ich ihm hoch anrechnen. Auch bei Gesellschaftsspielen lernten mich meine Eltern, dass es lediglich ein Spiel sei, dass niemand für den ganzen Abend traurig sein muss. Ein Spiel ist ein Zeitvertreib, Menschen sind gerne in Gesellschaft deshalb heisst das auch so.

Am liebsten war ich mit meinem Fahrrad unterwegs: bei uns in der Schweiz sagt man „Velo".
Ich brauchte lange bis ich ohne Stützräder fahren konnte, aber dann mit etwa Neun Jahren hatte ich aber ein sehr grosses, rotes Fahrrad und durfte nach ein paar Wochen Üben auf dem Hof vor unserem Haus auf dem Gehsteig entlang der Strasse fahren. Ich war überglücklich und als sich das aufklappbare Fahrrad in seine Einzelteile auflöste, bekam ich ein grünes und flitzte überall hin mit ihm. Ich musste meiner Mutter versprechen, nur ein paar Häuserblocks weiter zu fahren : versprach es zwar aber machte etwas ganz anderes: ich fuhr die zwei Kilometer zum Garten und fuhr wieder zurück. Das war ganz anstrengend weil eine breite und lange Brücke über das Bahngeleise führte und ich ja zuerst weit hinauf fahren musste, beim Rückweg dann runter fahren konnte. Meine Mutter kam nie dahinter, dass ich sie anlog.
Für mich bedeutete es Freiheit, mit der eigenen Muskelkraft auf einem Drahtesel weit zu fahren.

Die Kindheit ist eine wichtige Zeit im Laufe der eigenen Geschichte.

Ich habe als junge 24 jährige Mutter drei Bücher von Jean Piaget dem Sozialpädagogen im Welschland gelesen: von einem Kindesalter von 0 bis 6 Jahre ist es vor allem die körperlich Motorik, die sich ausbildet und natürlich auch das kindliche Gehirn. Aber ab dem 6, kann auch erst 7. Lebensjahr sein, beginnen die Kinder, sich mit Gleichaltrigen oder Spielkameraden im Kindergarten oder mit Verwandten sich zu interagieren. Das heisst, dass die Eltern zwar noch wichtigste Bezugspersonen sind, die eigenen Kinder aber auch offen sind für äussere Kontakte. Dann ab 12 Jahren ist es erst möglich für das Kind abstrakte Witze zu verstehen. Vorher hat es Mühe, dem Ablauf und der Pointe des Witzes zu folgen und Schlussfolgerungen zu ziehen. Aber der Teenager mit 13 ist voll auf die Aussenwelt fixiert, macht Dinge, um zu prüfen welche Auswirkungen es hat und leider passieren natürlich ohne die elterliche Fürsorge oder Obhut auch schlimme Dinge.

Ich war eine Einzelgängerin schon seit klein auf: das Lesen bereitete mir Vergnügen und war eine willkommene Abwechslung zum Alltag: nicht das ich nicht gerne die Lehrer gehabt hätte, die ich hatte.

Aber am liebsten dichtete ich Geschichten und mit acht Jahren konnte ich sehr gut lesen und las fast ein ganzes Buch von 80 Seiten in einer Woche.

Ich hatte eine beste Freundin, Julia. Ich lernte sie durch einen Schwimmkurs kennen und sie besuchte die Schule weiter unten im Quartier. Sie wuchs als Einzelkind bei ihren Eltern auf. Mit 14 wurde sie von vier Schulkollegen vergewaltigt in einem Wald während einem Musikfestival in Zürich. Sie sagte es ihren Eltern: die meinten nur, dass sie von der Schule jeweils sofort nach Hause kommen solle und unternahmen nichts rechtliches, keine Aussprache mit den Jugendlichen oder der Polizei. Meine Freundin Julia sagte es mir nicht gleich, aber ich spürte, dass sie irgendwie verändert war und sehr verschlossen. Sie hatte dann einen festen Freund mit 16; er war dreiundzwanzig hatte aber das Einverständnis ihrer Eltern mit ihr zusammen zu sein. Leider ging diese Beziehung in Brüche und Julia begann mit der Bulimie. Sie erbrach fast täglich und magerte stark ab. Als ich sie so elend sah und die Zwangseinweisung in die Klinik zur Zwangsernährung bevorstand, betete ich, sie möge mit dieser Krankheit aufhören. Das geschah auch : Julia hörte auf zu erbrechen nach dem Klinikaufenthalt, hatte aber vor allem Freunde, die

Drogen konsumierten und sie schlitterte ganz genau da hinein. Sie fing an mit Joints rauchen, bis sie dann mehrmals pro Woche Kokain hochzog und das Drogenflash sie überwältigte. Unsere Freundschaft war lange Jahre wie auf Eis gelegt, ich meldete mich ab und zu telefonisch bei Julia und sprach auf den Telefonbeantworter. Sie schrieb elektronische Nachrichten und wir telefonierten ab und zu.

Obschon wir im selben Quartier wohnten, lebten wir in zwei Welten. Ihre Eltern liessen sie Alkohol zu Hause trinken. In den Jahren waren sich die Eltern sicher klar geworden dass damals bei der Vergewaltigung Handlungsbedarf war, und sie eine grosse Chance verpasst haben, Julia beizustehen. Natürlich hatte Julia mich, aber ausser sie in den Arm zu nehmen und ihr aufmerksam zuzuhören konnte ich auch nicht. Ich war froh, als ich von Julia erfuhr, dass sie eine Psychotherapie machte. Das heisst sie hatte fachliche Unterstützung von einem Psychologen, der ihr helfen konnte. Ich war überhaupt nicht einverstanden, dass sie sich mit Drogen offensichtlich betäubte. Nach fast zehn Jahren Kokainkonsums setzte Julia ihr damaliger Freund den ersten Heroin-Schuss. Sie wurde abhängig und sehr alleine. Später nach einiger Zeit erklärte mir Julia dass sie nur noch an die Beschaffung ihrer Droge dachte während sie im

Büro arbeitete. Was mich bis heute noch wundert, ist die Tatsache dass Julia immer gearbeitet hat. Auch wenn sie Heroin spritzte und danach in derselben Nacht noch einen Liter Wein trank, sie ging am nächsten Tag zur Arbeit.

Im 2003 Anfang Januar rief sie mir nach Italien an und sagte, dass sie sich „den goldenen Schuss" setzen werde. Ich sagte „Nein bitte nicht, ich komme dich holen". Ich lehnte mir das gut funktionierende Auto von meinem Schwiegervater aus und fuhr, zusammen mit meinem Mann den sie auch gut kannte, in die Schweiz nach Niederglatt und holte Julia ab: wir steckten alle Kleider, Schuhe und Habseligkeiten in Abfallsäcke und luden sie und ihre Sachen in den kleinen Ford Fiesta und fuhren bei starkem Regenwetter wieder los. Mein Mann hatte kein Auto Führerausweis nur Motorrad und dreirädriger Lieferwagen war für ihn erlaubt. Also musste ich erneut fahren. An der Grenze, wollte Julia plötzlich wieder zurück gehen, aber da ich fuhr, entgegnete ich ihr einfach „leg dich hin und schlaf ein bisschen".

Sie beruhigte sich im Auto und ausser der Müdigkeit, die ich nach 10 Stunden Fahrt hatte bis 17 Stunden weiterfuhr, war ich voller Mut und Zuversicht, das richtige getan zu haben.

Julia blieb bei mir in Italien: sie machte einen Kaltentzug ohne Medikamente und der Hausarzt wusste, wer sie war und hätte sie unterstützt. Sie war tapfer und ich bemühte mich auch, ihr das Gefühl zu geben, dass sie willkommen war in meinem Leben.

Sie schaffte es ohne Drogen und auch ohne Alkohol zu sein: ganze 15 Monate, eine erstaunliche Leistung. Leider ging sie dann aber wieder zurück nach Zürich und obwohl sie wenig Geld hatte, nahm sie wieder Kokain. Wir hatten dann erst mal Funkstille einige Zeit.

Heute nach all den Jahren ist sie sehr gläubig und betet zu Gott und ist verheiratet. Ich habe auch heute noch Kontakt zu ihr und ich schätze ihre Freundschaft sehr. Sie ist ein sehr offener Mensch, urteilt nicht und hat eine erstaunliche Fähigkeit logisch zu denken. Ich hingegen bin der Gefühlsmensch, der Dinge aus dem Bauch heraus entscheidet. Aber Gegensätze ziehen sich an.

Zudem hatte ich als Kind einen Spielkameraden: Peter. Er war das zweite von drei Kindern und seine grosse Schwester Vivian setzte ihre Machtposition oft durch mit uns jüngeren Kindern. Leider wurde Peter auch von seiner Schwester und deren Mutter geschlagen: das hörte ich sogar an der Wohnungstüre und manchmal draussen wenn das

Fenster zufällig offen stand. Er war sehr ruhig und wir spielten ohne grosse Worte zusammen: wir machten Blumenkettchen suchten vierblättrige Kleeblätter ohne Erfolg und nahmen schon mal einen Ball mit nach draussen, um zu zweit zu spielen: leider war dann seine grosse Schwester wieder die, welche das Spiel verunmöglichte und so waren wir nicht die ganze Zeit alleine.

Er war auch der Junge, der mir seinen Penis zeigte und ich meine Vagina. Wir liessen es dabei, keiner berührte den andern und weiter waren wir auch nicht interessiert an der Sache: wir waren gerade mal sieben Jahre alt.

Als ich zwölf war zog Peter mit seiner Familie weg, ich habe ihn sehr vermisst. Heute denke ich , dass er wahrscheinlich schwul ist, weil er der erste Junge war, dem ich ganz vertrauen konnte.

Teenager

Sonst hatte ich keine Freunde, war oft mit meinen Eltern zusammen oder mit ihnen im Ausgang: sie wollten keinen Babysitter zu Hause und nahmen mich einfach mit. Ich war einfach gelangweilt und sah, wie sich meine Eltern Alkohol zu sich nahmen und übertrieben heiter wurden, was mir nicht gefiel.

Oft dachte ich dann, dass mit mir etwas nicht stimmte, dass ich keine gleichaltrigen Freunde hatte, mit denen ich abmachen konnte am Wochenende. Das änderte sich, als Lidija mir ihre Freundschaft im letzten Schuljahr anbot. Sie war zwei Jahre älter weil sie als Kind wegen Rheuma im Spital über ein Jahr sein musste. Wir gingen in Ausgang: in die Diskothek in Zürich Örlikon. Ich hatte die Gelegenheit und nutzte sie: ein wenig Alkohol zu trinken und auf die Tanzfläche zu gehen: ich war sehr schlank und gross, mit schulterlangen Haaren: es näherte sich ein farbiger junger Mann um die 20, 22 vielleicht und umarmte mich: ich liess ihn gewähren und er bewegte sich wirklich sehr gut, ich auch und kurz darauf steckte er mir seine Zunge in den Hals. Ich liess ihn mich küssen, nach kurzem Zögern küsste ich mit.

Das ganze Küssen und Rückenstreicheln von ihm dauerte nicht lange, dann merkte ich, wie mich die anderen anstarrten auf der Tanzfläche. Er sagte in Englisch ob wir nicht noch woanders hingehen sollten und ich verneinte: „ich muss jetzt zu meiner Freundin" sagte ich nur.

Das war mein erster Kuss
ich lächelte als ich zu ihr kam: Das konnte ich abhacken auf der Wunschliste im Leben einer Pubertierenden.

An die Zeitschriften für uns Teenager erinnere ich mich : Bravo, Popcorn und wie sie alle heissen. Vor allem die Seite mit den Sex-Fragen interessierte mich: ich erfuhr einiges über die Schwierigkeiten Sex zu haben und auch über die Fragen nach Verhütung fand ich interessant.
In der Schule mit 14 kam dann eine Gruppe von der Aids-Hilfe Schweiz nach Zürich und sprach einen ganzen Tag über die Krankheit, welches das Immunsystem eines Menschen angreift und schliesslich zerstört. Dass ein HIV-Kranker doch noch Chancen hat länger zu leben und dass die schwulen Männer besonders betroffen sind.

Das sollte mich beschäftigten: was war denn mit lesbischen Mädchen? Waren die auch gefährdet?
Darauf fand ich auch in den Zeitschriften keine Antwort und zu Internet hatte ich keinen Zugang.

In der Mädchengruppe in der Schule war zwar Sex schon ein Thema aber auch anderes wie welche Musik wer gerade hört.

Meine Musikgeschmack war von der Mutter geprägt.
Ich hörte Schlagermusik als Kind: Howard Carpendale, Udo Jürgens, Paul Janka und irgendwann entdeckte ich Hörspiele auf

Hochdeutsch von den Drei Fragezeichen: eine Fernsehserie, die Erfolg hatte und ich kaufte mit meinem Taschengeld die Kassetten: damals gab es noch Kassettengeräte. Ich spielte mit meinen Playmobil Männchen, Tiere und Gebäude und hörte die Abenteuer der Jungen, die Delikte aufspüren und Rätsel lösen und die Bösen der Polizei übergeben. Dann hab ich das Radio und die Hitparaden Sonntag nachmittag entdeckt. Meine Schwester war mit ihrem festen Freund unterwegs, ich blieb den ganzen Sonntag zu Hause und hörte die Hitparade: von Position 50 auf 0 : Welches Lied war das erfolgreichste diese Woche?

Meine sozialen Kontakte waren nicht auf die Schule begrenzt, seit ich zehn war wollte ich Saxophon spielen. So dass meine Eltern das nicht mehr benötigte Klavier zu einem guten Preis verkaufen konnten, mich aber fast ein Jahr warten liessen, ehe sie einwilligten, dass ich in die Jugendmusik gehe. Ich bekam dort ein gebrauchtes Tenor-Saxophon und nahm zweimal in der Woche Musikunterricht bei einem sehr sympathischen Tessiner Lehrer, der gebrochen Deutsch sprach. Ich war fleissig und passte bei jeder Lektion genau auf, wollte alles richtig machen. Ich übte täglich zu Hause, manchmal das selbe Stück zehn Mal, wahrscheinlich nervte das auch meine Mutter am

Nachmittag, aber sie hat nie etwas gesagt. Dann endlich nach sechs Monaten konnte ich ein Stück vorspielen in den Proberäumen der Jugendmusik in der Nähe vom Mannesseplatz in Zürich. Die Räumlichkeiten waren gross: schliesslich waren etwa 80 Mitglieder, die aktiv spielten: also gab es viele Stühle. Es war so, dass die Probe fertig war und der Dirigent allen gesagt hat, sofort heimzugehen und nicht herum zu stehen. Aber ein Mädchen war trotzdem geblieben und hörte wie ich das Lied spielte: sie selbst hatte auch ein Tenor-Saxophon und sie würde meine beste Freundin werden. Später sagte sie mir einmal: du hast übrigens den Dirigenten sehr beeindruckt, als du so gespielt hast: sehr gut.
Ich war zweieinhalb Jahre in der Jugendmusik.
Der Dirigent B. war anspruchsvoll und wir spielten vor allem klassische Musik: die „Hobbits-Saga" spielten wir schwierige Partituren und ich musste täglich üben. Das ging ja noch, aber wir mussten auch dreimal in der Gruppe alle zusammen spielen und das jeden Samstag bis in den Nachmittag hinein: das war anstrengend so oft spielen und ich fing dann auch an noch Zeitungen jeden Mittwoch nachmittag zu vertragen. Ich hatte das Glück zu einer Zeit in die Jugendmusik zu stossen, in der sie zwei Auslandreisen machten. Zufälligerweise lernte ich eine Holländische Touristin kennen, die mich

einlud sie in Holland zu besuchen. Also ging ich mit der Jugendmusik nach Leersum und blieb 6 Tage: wir hatten einen internationalen Wettbewerb mit Musik und Marsch und wurde sogar dritte im Gesamtwettbewerb. Dann ging ich ganz alleine auf den Bus und kam am Abend in der Nähe von Utrecht im Haus der Holländerin Jessie an. Sie hatte mir geschrieben , dass der Hausschlüssel unter dem roten Stein liege und so war es. Sie und ihre Mutter und jüngere Schwester kamen aus den Ferien etwa um zwei uhr morgens heim. Ein grosses „hallo und willkommen" mit der Mutter, ihr und der Schwester. Die Eltern waren geschieden, die Mutter behielt das Haus, in dem die Töchter aufgewachsen waren. Ein schönes grosses Haus mit drei Stöcken: ich und Jessie schliefen im Dachstock. Es war Juli und sehr heiss auch im Zimmer: Leider konnte Jessie mit mir nicht die ganze Zeit sein. Wie sich herausstellte musste sie noch eine ganze Woche lang im Supermarkt arbeiten, davon hatte sie mir nichts gesagt. Aber zum grossen Glück und heute bin ich dem Schicksal dankbar, hatten ihre Mutter am Abend Zeit mit mir in die Naturparks mit dem Fahrrad zu fahren und mit mir auf Englisch zu sprechen. Auch die jüngere Schwester Natalie war mit mir unterwegs: wir gingen mit dem Zug nach Utrecht und besuchten das Kostümmuseum: machte viele Fotos mit ihr und

fühlte mich sehr wohl, weil wir gut Englisch konnten und über viel lachen konnten. Jessie war dann mal kurz eifersüchtig, weil ich mich amüsierte und weil ihre Mutter viel meinen Rat suchte. Ich fing sogar an nach nur einer Woche das Holländisch ein wenig zu verstehen. Jedenfalls war es nicht annähernd so schön mit Jessie herum zu reisen in Holland als mit ihrer Schwester zu lachen. Ich verabschiedete mich nach zwei Wochen mit einem lachenden und einem weinenden Auge: ich würde keinen Kontakt mehr zu Jessie suchen und würde dadurch aber auch ihre Mutter und Schwester nie mehr sehen. Das ist eben Schicksal.
Wenn ich merke, dass eine Freundschaft nicht aufrichtig ist, beende ich sie immer, egal wie schwer es fällt. Ehrlichkeit ist mir sehr wichtig.

7-Jahres Zyklus

In einem Buch über die Lebenszyklen schrieb eine amerikanische Autorin über 7-Jahres-Stufen.
Das Konzept ist einfach: in einem Menschenleben sind es vor allem Zyklen von sieben Jahren, in denen sich das Leben grundsätzlich verändert oder sich etwas ereignet, das einen nachhaltig beeinflusst. Nun die Autorin unterteilte noch die jeweils 7 Jahre in Themen wie „neuer Aufbau" oder

„Loslassen" und dies wiederholte sich alle 7 Jahre. Wenn ich also mit 7 dachte, dass meine Mutter sterben würde, so war ich im Thema „Vertrauen" oder „Neuer Abschnitt" . Mit 14 schwärmte ich für ein Mädchen und dachte mir so „dass ich vom andern Ufer war" allerdings gab es Mädchen in der Schule, in meiner Klasse, die mich eindringlich fragten, welcher Junge mir denn gefiele. Ich nannte den Namen des gutaussehenden, aber arroganten Hannes. Die Mädchen besorgten mir eine Passfoto von ihm und waren mit sich zufrieden. Ich war mir bewusst, dass ich nicht so wie andere Mädchen waren. Mit 14 fing ich an Geld zu verdienen: ich vertrug Zeitungen aus einmal in der Woche am Mittwoch. Beim ersten Mal kam meine Mutter mit, denn der Vertrieb wollte, dass ein Erwachsener mitmachte. Allerdings wollten wir das beide nicht und so kam es, dass ich alleine ging: ich musste allerdings dreimal zum Ausgangspunkt gehen: es waren an die 2000 Zeitungen und viele Briefkästen zu bedienen. Ich erledigte meine Arbeit genau und ohne jemandem ins Auge zu fallen. Ich war unauffällig gut. Und so verdiente ich einen Lohn eines Erwachsenen als Kind.

So konnte ich mir auch eine gebrauchte Stereoanlage kaufen, die gut funktionierte: Neupreis war etwa Schweizer Franken 2000, ich kaufte sie für 400. Ausserdem wollte ich sparen für meine zukünftigen Reisen. Das machte ich zwei Jahre lang.

Im Dezember 1987als ich gerade im Oktober 14 geworden war reisten ich und meine Eltern nach Berlin: die Mauer stand noch und ich war beeindruckt wie scharf die Kontrollen an der Grenze zum Osten waren: sogar unter dem Bus wurde mit Spiegeln nach Menschen gesucht. Meine Mutter erlitt einen Schlaganfall: wahrscheinlich schon auf dem Hinflug im Flugzeug. Sie musste vier Tage von sechs im Bett verbringen und der Hotelarzt gab ihr einfach eine Spritze, dass sich der Puls wieder beruhigte. Erst später stellte man fest, dass meiner Mutter die Zufuhr von genügend Sauerstoff im Blut gefehlt hatte und das Kleinhirn nicht mehr richtig funktionierte. Sie musste von da an Blutverdünner nehmen: ein spezielles Aspirin jeden Tag einzunehmen. Flora meine Mutter hatte eine Lähmung im Gesicht: sie verzog das ganze Gesicht und die Ärzte wussten nicht, wann das wieder besser werden könnte. Gott sei Dank verschwand die Lähmung nach fünf Monaten und sie hatte wieder ein normales Aussehen.

Mit vierzehn hatte ich angefangen Gedichte zu schreiben für Menschen, die ich liebte. Meine Mutter bekam jeweils zu Geburtstag im Juli oder Muttertag

oder Weihnachten eine selbstgebastelte Karte mit Gedicht.
Ich ging regelmässig in die Bibliothek und nach dem Schlaganfall von meiner Mutter fragte ich die Bibliothekarin: ich möchte ein Buch, das erklärt wie das Hirn eines Menschen funktioniert. Die Angestellte sagte lediglich: da gibt es Kinderbücher ein Raum weiter. Die Erwachsenenbücher verstehst du nicht. Ich war enttäuscht: in den Kinderbüchern gab es mehr Bilder als eine Erklärung und ich gab nicht auf: nach anderthalb Jahren war ich in der Erwachsenenabteilung und fand ein Buch über das Hirn. Auch sonst interessierte mich die Anatomie des Menschen sehr. Was heute für das Interesse psychologischer Zusammenhänge ist.

In der Bibliothek war ich oft, liebte Geschichten von Jugendlichen , die etwas Hervorragendes leisten in der Gesellschaft. Oder Tiergeschichten.
Ein paar Bücher sind mir gut in Erinnerung geblieben: ein Junge macht sich über Afrika lustig und sein farbiger Schulkollege sagt nur noch: es gibt schwarze Magie und plötzlich wird der Junge zum Hund: muss als Tier sein Leben fristen. Es wird minuziös beschrieben, wie sich der Junge als Hund fühlt und zum Glück wird er erlöst am Schluss des Buches und hat seine Lektion gelernt: nicht andere

verspotten wegen Hautfarbe oder anderen Gewohnheiten.
Das Tagebuch der Anne Frank hat mich sehr beeindruckt: wie eine 10 jährige schon so weise sein kann nun doch hat sie auch ganz ihrem Alter entsprechende Wünsche und Träume. Beeindruckend. Leider wurde sie trotz ihrem Versteck in einem Dachstock mit zehn anderen Personen aufgegriffen und ins Konzentrationslager geschafft, wo sie starb.
Es gibt auch Dokumentationen über Nazilager, die ich am TV sah und erschüttert war: wie konnte eine ganze Nation so grausam mit Juden sein.

Dazu gibt es den Film „Die Welle" in dem ein ganz normaler Lehrer mit seiner Klasse „ein Experiment" macht und sie trillt, bis die Klasse fast zwei Kameraden umbringt und am Schluss zeigt der Lehrer, wer ihr wirklicher Lehrer ist: ein Film von Hitlers Ansprache und die jungen Leute sind erschüttert. Der Film ist nach einer wahren Begebenheit.
Der Tod steht an einem Ende und am anderen das Leben in sich. Zum sich lebendig fühlen gehört auch die Liebe und Liebesbeziehungen.

Ich las Bücher über Liebesbeziehungen.

Allerdings ertappte ich mich dabei, mich als Hauptdarstellerin zu sehen, welche eine Frau liebte. Auch Filme die ich schaute waren nicht wirklich ermutigend. Ich kannte vor allem den Schwarz-Weiss-Film in dem Audrey Hepburn und Shirley Mc Laine zwei Lehrerinnen in einer Privatschule spielen und die eine Mc Laine tatsächlich verliebt ist in ihre Kollegin. Und leider aus Rache, weil ein Mädchen sich schlecht aufgeführt hat, sagt sie ihrer einflussreichen Tante, dass die beiden Lehrerinnen lesbisch sind. Was ja nicht stimmt. Zum Schluss erhängt sich die Lesbe und ich war sehr traurig.

Der Film Victor/Victoria mit Julia Andrews ist witzig: sie spielt mit der Verkleidung und gibt sich als Mann in Frauenkleidung aus. Ein bekannter Geschäftsmann, dessen Bodyguard schwul ist verliebt sich und wundert sich über sich selbst: ist er schwul? Auf jeden Fall verführt er die Frau und findet heraus, wer sie ist. Eine ehemals obdachlose begnadete Sängerin, welche auch die Gläser zu sprengen vermag.
Die beiden kommen zusammen und der Freund von der Frau nimmt die Rolle im Theater ein.
Überhaupt gefallen mir lieber Komödien als Drama-Filme im Kino. Meine DVD Sammlung nimmt stetig zu. Darunter sind auch viele Zeichentrickfilme.

Die Selbstfindung ist ein langer Weg. Oft fühlte ich mich sehr einsam.

Mit 14 hatte ich mich in eine gleichaltrige verliebt: die hatte allerdings plötzlich einen festen Freund und ich verstand, dass ich einfach die Schmetterlinge im Bauch haben würde, sie aber nicht aufklären konnte über mich. Ich schämte mich damals, weil ich offensichtlich anders war: meine Mutter würde später dann sagen, dass ich schon als fünfjähriges Kind Mädchen in meinem Alter beschützte vor Jungen, die Streit wollten.

Mit sechszehn durch meine Mutter, die im Lohnbüro für die Metzgerei arbeitete mir einen Job vermittelte: im Laden einer Metzgerei in der exklusivsten Zone in der Stadt Zürich: in der Marktgasse. Ich lernte die Fleischwaren zu benennen und bediente mit der Zeit Kundschaft. Ich war gut, etwas schüchtern aber das machte nichts. Ich verstand mich gut mit den vier Angestellten und der Metzger machte immer Spässe mit mir. Da ich mich sehr bemühte, Dinge zu lernen und richtig zu machen dachten sie, dass ich eine Lehrausbildung bei ihnen machen wollte. Ich musste sie enttäuschen: arbeitete ich doch nur jeweils Samstag den ganzen Tag so ass ich dann fast eine Woche kein Fleisch…. Ich war dabei durch

diese Erfahrung Vegetarierin zu werden, so sehr kotzte mich das an...
Ich arbeitete auch noch Samstags als ich schon in die Kaufmännische Lehre ging.
Allerdings war ich ein Jahr später in der Ausbildung weil ich noch ein Zwischenjahr einlegte in der Frauenfachschule Zürich. Es war eine Schule mit Hauptfach Nähen und es war ein Vorkurs zur Schneiderin. In unserer Klasse war es nur Jacqueline die sich dafür interessierte. Der Rest der Mädchen hatten die meisten reiche Eltern und hatten wie ich keine Lehre gefunden. Das heisst ich hatte die Aufnahmeprüfung fürs Gymnasium gemacht und nicht bestanden. Ich war froh, konnte ich ein Jahr lernen auf die Prüfung und beim zweiten Mal schaffte ich die Aufnahmeprüfung: aber ich wollte nicht mehr ins Gymnasium, hatte meine Meinung geändert.

Lehrausbildung

Eine Lehrstelle hatte ich gefunden und arbeitete in einer Firma, welche Insertionen machten in Zeitungen und Zeitschriften und ich sollte drei Jahre lang die verschiedensten Abteilungen kennenlernen. Ich war rasch ernüchtert musste ich doch die ersten acht Monate in Glattbrugg sein und

nicht im Hauptsitz in Zürich und den ganzen Tag musste ich in einem kleinen Raum ohne Fenster Adressen in ein Programm eingeben: ich fütterte den Computer mit vielen Daten, hatte ich doch schon das 10-Finger-System auf der Tastatur gut gelernt. Klar hatte ich auch ab und zu Momente, in denen ich mich ernsthaft fragte, was ich da eigentlich machte. Eines Tages fragte mich der Abteilungsleiter in einem Gespräch in seinem Büro ob ich schon gelernt hätte, wie der Weg des Inserates von statten gehe. Ich erklärte ihm ganz genau wie das bei uns im Betrieb war und er war erstaunt, dass ich das wusste. Ich beklagte mich jedoch bei ihm, dass ich auch gerne andere Aufgabengebiete kennenlerne möchte und dass ich genug habe von Adressen eingeben. Ich überstand die Zeit und war dann wieder in Zürich: in einer Abteilung, die vor allem Lehrlinge dazu brauchten, Zeitungsartikel aus den jeweiligen Zeitungen herauszuschneiden und wenn es zu wenig Zeitungen hatte von der einen Ausgabe, beim Verlag die Zeitung nach zu bestellen hatte.
Im Untergeschoss waren Schränke mit Rollsystem in denen hunderte verschiedene Zeitungen gelagert waren und oft war dort ein grosses Durcheinander. In einer Woche konnten es dreissig Zeitungen sein, die man für den Kunden brauchte, um die Rechnung versenden zu können. Ich machte meine

Arbeit genau und es störte mich nicht, dass meine Hände von der Druckerschwärze gefärbt wurden. Ich wusch oft die Hände und am Abend rieb ich sie mit einer Feuchtigkeitscrème ein. Hingegen die Abteilung in der Hauptbuchhaltung war sehr interessant: das Buchhaltungssystem faszinierte mich in der Schule wie auch im Lehrbetrieb. Nach wenigen Wochen durfte ich auch Buchungen im Computer System eingeben und die Lehrmeisterin lobte mich: ich hatte kaum Fehler gemacht.

Die dreijährige Lehrzeit war geprägt mit privaten Hochs und Tiefs: Anfang Lehre hatte ich meinen ersten Freund: unsere sexuellen Erfahrungen waren bei beiden gleich Null: allerdings hatte er, mein Lover Probleme es mir zu machen und ich liess ihn im Glauben, dass ich auch ohne ganz glücklich war. Auf jeden Fall löste ich die Beziehung auf nach drei Monaten und er kämpfte aber um uns und ich sagte ihm nicht, dass ich dachte, ich sei vom anderen Ufer.
Im zweiten Ausbildungsjahr hatte ich Durchschnittsnoten von 5, das war Voraussetzung um im Musical Projekt mitzuwirken: zwei Theaterpädagogen also ein Ehepaar Pius und Susanne und Matthias ein Komponist.

Der Anlass war die 700 Jahr Feier Schweiz und wir schrieben das Musical selbst: Wir waren eine Gruppe von 15 jungen Frauen und nur drei Männer. Wir mussten also etwas finden, das zu uns passte im 1991: wir entschieden dass einer der jungen Männer Stefan G. ein alter kränklicher Mann spielte: er verkörperte die Schweiz und hatte eine Krankenschwester. Wir waren im Internat und ich war die Tochter des Alten und auch Direktorin. Ich lernte Schiller auswendig und wir spielten einerseits die klassischen Momente von der Geschichte von Wilhelm Tell und die ist so: er ist ein einfacher Arbeiter und weigert sich dem Vogt, dem Landsmann seine Ehre zu erweisen und seinen Hut zu ziehen: da wird er verhaftet und der Vogt zwingt ihn einen Apfel auf dem Kopf von seinem Sohn zu schiessen. Gott sei Dank erwischt er den Apfel und wird nicht im Gefängnis eingesperrt.

Die anderen Spieler waren Teil eines Internates im Spiel und immer wieder musste ich als Direktorin den alten Mann besuchen, so dass die Internatsmitglieder unabhängige Lieder sangen: etwa gegen die Gewalt oder gegen Ausländerfeindlichkeit. Sobald ich wieder auf der Brücke zwischen altem Mann und Bühne erschien war das Unabhängige vorbei und sie mussten das machen, was die Direktorin aufgab.

Die Musik texteten wir selber und der Musiker komponierte die Stücke.

Wir hatten riesen Erfolg: von 10 Vorstellungen waren alle zweihundert Plätze fast immer gebucht. Zudem verliebte ich mich in eine Frau: sie war 39 und lebte mit ihrer Lebenspartnerin und ihrem eigenen Sohn. Allerdings hatten wir dann über ein Jahr eine Affäre.
Und sie brachte mich in die Sekte Soka Gakkai in Zürich. Ich wurde als lesbische Frau herzlich aufgenommen und das war eine grosse Freude weil meine Mutter herausgefunden hatte, dass meine Freundin 20 Jahre älter war als ich und hatte Mühe, plötzlich eine Lesbe als Tochter zu haben. Meine Schwester meinte „endlich lebst du es. Habs mir schon lange gedacht". Mein Vater war cool, sagte „habe kein Problem damit". Leider geschah etwas, das mein Leben mehr als durcheinander brachte: meine Freundin vergewaltigte mich in einem Seminar der Buddhisten in Frankreich in Versoix. Ich hatte mich von ihr getrennt, weil ich mehr als eine Affäre mit einer Frau wollte und sie wollte mich wahrscheinlich nicht loslassen. Nun das ist in der Lesbenszene in Zürich ein Tabuthema: die Lesben meinen dass es doch nicht sein kann, dass eine Frau einer anderen Frau Gewalt antut. Aber mir ist es passiert und nur eine Frau hat mir einen guten

Rat gegeben: Gaby hat gesagt ich soll eine Psychotherapie machen und das tat ich auch bei einer Frauenberatungsstelle: die Therapie war auf vier Sitzungen beschränkt.
Leider fand ich den Mut nicht, genau zu erzählen, was denn passiert ist. Ich war blockiert und ein paar Lesben, denen ich es berichtete glaubten mir überhaupt nicht. Ich war allein.

Ich hatte einen grossen Wunsch: drei bis sechs Monate einfach ins Ausland zu gehen und die Sprache zu lernen. London hätte bedeutet Englisch zu lernen und ich dachte auch an Florenz fürs Italienische. Da passierte es, dass ich eine Vision oder wie eine Art Traum hatte: ich ritt auf einem Pferd mit Post in der Hand auf einem schmalen Pfad in den Hügeln, als ich plötzlich unter dem Pferd zu liegen kann und in den Abgrund fiel. Die Umgebung war Toskana: im Traum stand auf einem Plakat „Siena". Ich entschied mich für Florenz.

Bis einundzwanzig arbeitete ich zuerst in der ehemaligen Firma nach der Lehre, zügelte aber ins Stadtzentrum von Zürich und war schliesslich im Kiosk angestellt am Hauptbahnhof. Ich konnte zu Fuss in acht Minuten zum Geschäft gehen und Alex, die bei uns schon länger arbeitete, gab mir heimlich den Schlüssel, so dass sie am Morgen nicht immer früh raus musste oder zu spät kam wegen dem Bus. Ich war zuverlässig und hatte auch keine Angst alleine im Untergrund im Tunnel, wo der Kiosk war. Wir hatten viele Stammkunden, vor allem Männer, die die Zeitung der Blick kauften, aber vor allem deshalb um das Porno-Heft darin zu verstecken. Meine Kiosk-Chefin bekam die Pornohefte von der Zentrale in Bern. Allerdings legte sie einige dieser Heftchen nicht auf. Sie schaute ganz genau hin und wenn sie das Gefühl hatte, dass da Minderjährige im Heft sind, legte sie es nicht auf. Für mich war es einfach wieder einmal eine Bestätigung dass Männer Frauen nur unterdrückt und nackt wollten: also eine Frauenware und deshalb käuflich. Wir hatten in Zürich ein ganzes Quartier, in dem Frauen ihren Körper verkauften in Nachtclubs, auf der Strasse vor allem und eben bei Fotografen. Ich spielte gute Fee für Alex

Sie war ein paar Jahre älter als ich : war in der Bewegung der Ultra Linken Genossen und war wegen ihrer politischen Aktivität im Gefängnis gewesen. Genaueres wusste ich nicht, aber sie war sehr sympathisch und ich wusste von ihr, dass sie einen Mann in London hatte, den sie regelmässig sieht: nicht wirklich eine Beziehung aber doch Sex mit ihm. Ausserdem besuchte Alex ein ganz junger

Mann, acht Jahr jünger als sie im Kiosk und als Alex einmal sagte er habe sich in eine unnahbare Frau verliebt, saget ich ihr „du bist die Frau, er liebt dich" und da der Londoner sie schliesslich betrogen hatte, kam sie mit dem jungen Mann zusammen. Ich freute mich sehr für sie beide: denn sie passten gut zusammen.

Ich hatte bewusst zwei kleine Zimmer gemietet am Rennweg mitten im Herzen von Zürich: 500 Schweizer Franken waren nicht viel, allerdings waren die zwei Zimmer zusammen auch nur etwa 16 m2 gross. Ich hatte nicht mal Platz für einen Bettrahmen: legte die Matratze einfach auf den Boden. Mein Altar hatte auch Platz und ich bekehrte auch meine zwei Mitbewohnerinnen zum Buddhismus innerhalb von einem halben Jahr. Bekannte mich vor Tiziana, der einen WG-Bewohnerin als Lesbisch. Wir feierten Feste im Dachstock und hatten, mit Erlaubnis der Hauseigentümerin, eine riesige Terrasse von etwa 40 m2 und die Leute die wir einluden waren alle begeistert.
Ich hatte es sehr schwer die Gewalt zu verdauen.
Hätte ich diese WG-Freundinnen nicht gehabt, wäre es mir noch viel schwerer gefallen, wieder Boden unter den Füssen zu haben. Ich wollte ein neues Leben beginnen mit einer Auslandreise. Da ich

schon recht gut Englisch konnte, stand London auf der Wunschliste ganz oben. Aber auch Florenz. Ich ging ins Reisebüro, welche Auslandaufenthalte anboten inklusive der Miete von einem Zimmer bei einer Gastfamilie. Die Reise sollte Ende September losgehen bis Mitte Dezember. Meine Eltern waren besorgt, andererseits hatte ich ja schon meine Unterkunft gebucht und ich würde sie einmal pro Woche anrufen. Ich gab meine Mietzimmer auf, denn ich wollte auch eine grössere Wohnung mieten wenn ich zurückkam. Ich stellte ein paar Möbel ein und arbeitete viel um möglichst viel Geld noch zu verdienen. Meine Ersparnisse waren praktisch weg, als ich die Schule zwei Monate und die Unterkunft im Reisbüro bezahlte. Aber ich würde durchkommen. Denn ich war es gewohnt, sparsam zu sein.

Und vielleicht eben mein solider Charakter und meine Erfahrung selbst Geld verdienen zu müssen und nicht auf die Eltern angewiesen zu sein, mein Wegziehen vom Elternhaus mit 19 und Feministin zu sein ohne es wirklich zu wissen, all das machte es aus, dass ich Italien und die Florentiner sehr gut leiden konnte. Sie waren zwar als Nation Chaoten, kannte aber die Kunst, aus wenig mehr zu machen. Sie mussten viel Geduld aufbringen, wenn sie sich etwas erarbeiten wollten und die

Jugendarbeitslosigkeit war hoch. Ich feierte meinen 21. Geburtstag alleine in Siena. Ich rief vom öffentlichen Telefon meine zwei WG-Bewohnerinnen Tiziana und Claudia an und sie gratulierten mir und sagten, ich könne dann im Dezember mein Geschenk abholen kommen.

Italien: 3 x Sieben Lebensjahre

Wieder ist der 7-Jahres Rhythmus genau aufgegangen: ich lernte Alessio in Florenz kennen. Mein Alltag war so gestaltet, dass ich am Morgen in die Schule ging und Italienisch lernte, am Nachmittag nach einem Stück Pizza essen, ging ich mit dem Bus in 40 Minuten in das buddhistische Kulturzentrum. Dort sah ich ihn das erste Mal. Leider sprachen Alessio und ich nur wenig: er konnte kein Englisch, nur Italienisch und ich war gerade mal sechs Wochen dabei, die Sprache zu lernen. Wir küssten uns schon bald das erste Mal in Campo di Marte, wo ich ein Zimmer bei einem jungen Mann gemietet hatte über die Schule. Alessio hatte mich mit dem Motorrad, ein wunderschönes Moto Guzzi, nach Hause gefahren und wir küssten uns innig zum Abschied. Er küsste gut, ich fühlte mich ihm verbunden und so kam es, dass ich bald seine Eltern und Schwester kennenlernte. Es geschah auch etwas Aussergewöhnliches. Alessio hatte mich zu seinen Eltern mitgenommen, dort wo er auch in der Wohnung im 2. Stock wohnte. Seine Schwester wohnte im selben Haus im Erdgeschoss, in einer ehemaligen Garage. Ich hatte eine Vorahnung dass ich und Alessio einen Motorradunfall haben würden und so kam es: im Nebel unter der Brücke raste ein Auto in uns und der Fahrer wollte flüchten, hätte Alessio ihn nicht von aussen gepackt und zum Stillstand gebracht. Alessio hatte einen zornigen Wutausbruch. Das Motorrad war nur leicht beschädigt und in dieser schwierigen, voller Emotionen schwangeren Atmosphäre dachte ich: Alessio ist der richtige um zu heiraten. Und so kam es. Seine Mutter hatte gesehen, dass ich irgendwie komisch reagierte vor dem Unfall und fragte mich einige Zeit später, als ich besser Italienisch konnte, ob ich hellsichtig bin: ich bejahte. In ihrer sizilianischen Familie gab es ältere Frauen, welche diese Eigenschaften hatten und auch die Schwester von Alessio fragte mich bevor sie mit mir überhaupt gesprochen hatte, ob ich Buddhistin sei: ich bejahte. Mitte Dezember kam bald: ich hatte noch die Prüfung für das Basisdiplom gut bestanden.

Zum Beispiel „attendere" heisst abwarten und warten auf: Deutsch ist viel präziser, hat nicht mehrere Bedeutungen: jedes Wort steht für sich.

Wohl deshalb tun sich die Italiener so schwer Deutsch zu lernen.
Ich war noch sechs Wochen mit Alessio zusammen, oft bei seinen Eltern zu Hause, wo die Mutter für uns jeden Tag kochte. Am Sonntag um 12 Uhr kamen auch noch die Tochter, deren Mann und Sohn zum Essen. Es war eine fröhliche, gute Atmosphäre und ich fühlte mich schon Teil einer Familie, mit der ich nicht wirklich sprechen konnte mangels meinem Wortschatz. Um diesem Umstand Abhilfe zu leisten lernte ich täglich zehn bis 15 neue italienische Wörter. So machte ich das bis ich ein ganzes Buch „italienischer Wortschatz und Aufbauwortschatz" durch hatte. Mit dem Ergebnis dass ich nach sechs weiteren Monaten plötzlich Diskussionen führen konnte und meinem Freund sagen konnte, wie es mir geht: so richtig sagen konnte, dass ich glücklich sei, endlich besser mit ihm reden zu können. Da fing es an, dass ich noch besser wurde im Austausch mit Wörtern, die ich zwar noch nicht kannte, sie aber behielt. Ich wurde innerhalb von einem Jahr zur guten Italienisch Sprechenden.
Alessio sagte mir immer wieder, dass ich seine Traumfrau sei und dass es Schicksal wäre, dass wir uns nun in Florenz getroffen hätten, denn eigentlich dachte ich ja anfänglich daran, nach London zu gehen für drei Monate. Ich erzählte ihm von meinem

Leben in der Schweiz. Er wusste nicht mal wo Zürich genau lag auf der Landkarte. Aber er wunderte sich , dass ich im Italienischen immer die männliche Form benutzte: io sono contento ich bin glücklich mit der männlichen Form und Endung „o" anstatt „contenta". Nun das war ein dummer Zufall. Auf jeden Fall liebte ich Alessio nicht, aber ich hatte ihn lieb. Er hörte mir Stunden zu, sprach am Anfang eher wenig bis er mit der Zeit und meiner guten Sprachkenntnis Stunden er redete über seine Vorstellung von Sozialismus in dieser Welt. Er war auch für bewaffnete Revolution, ich bin auch heute noch der Meinung dass es gewaltfrei möglich ist wie bei Gandhi. Wir trafen uns meistens im buddhistischen Kulturzentrum, wo wir das erste Mal miteinander geredet hatten und dann gingen wir zu seinen Eltern oder nach Florenz: ich liebte die Museen, Alessio hingegen war nicht so an bildender Kunst interessiert. Er hatte die Abendschule besucht und seine Matura gemacht und wollte als Kindergärtner arbeiten. Allerdings war das schier unmöglich, weil Italien mit den Frauen- und Männerrollen noch so war wie vor hunderten von Jahren. Er hatte als Mann keine Chance auf eine Anstellung.
Ich dachte immer, dass es einem innerlich wehtut wenn man mit jemandem zusammen ist, den man eigentlich nicht liebt. Aber ich war mir sicher, dass

Alessio ein guter Seelengefährte gewesen war in einem letzten Leben Als Buddhistin glaubte ich an die Wiedergeburt. Das tue ich heute nicht mehr.

Die italienische Familie und viele Verwandte in der Toskana gefiel mir: es sagte mir zu, dass mich viele neue Menschen in ihr Leben aufnahmen; mir Küsschen über Küsschen gaben und mich mit Kaffee verwöhnten.
Oft sind die Leute, die mich nicht gut kennen überzeugt, dass ich italienische Wurzeln habe, weil mein Aussehen einer Südländer ähnelt mit den dunklen Augen und dunklen Haaren, sie sind überrascht wenn ich sage, dass ich einen Österreichischen Vater habe.
Alessio war also Buddhist. Ausser dieser Gemeinsamkeit waren wir an Reisen, guten Jobs interessiert und offen dafür, eine Familie zu gründen. Er arbeitete als Lederschneider in einem Familienunternehmen. Er verdiente gut, zumindest für italienische Verhältnisse. Aber da er in die Schweiz kam und ich ihm sagte, dass auch ein ungelernter Arbeiter bei 3'400 Schweizer Franken anfängt, blieb ihm der Atem weg. Alessio hatte keine Ahnung gehabt, was ihm bisher entgangen war. So suchte er in Zürich als Industriemaler eine Stelle und fand sie bei dem einen einzigen italienischen Malergeschäft. Leider musste mein

Mann dann jeden Tag irgendwo hin, wo es wenige Busverbindungen gab. Das Geschäft wusste, dass Alessio kein Auto oder Motorrad hatte und hätten ihn ja mit jemandem mit Auto einteilen können. So verbrachte mein damaliger Mann viel mit Bus und Zugreisen.

Wir zogen in eine grössere Wohnung als ich schwanger wurde: 4-Zimmer ausserhalb von Zürich. Im September 1995 heiratete ich Alessio standesamtlich weil er sonst keine lange Aufenthaltsbewilligung bekommen hätte und ihn deshalb nie jemand eingestellt hätte als Gastarbeiter.

Alessio arbeitete hart und erzählte mir jeden Tag von seinen Arbeiten, weil ich ihn dazu ermutigte. Ich bin eine gute Zuhörerin und bin auch sehr emphatisch. Mein damaliger Mann sagte mir öfter, dass es meine Sanftmut war, weshalb er sich in mich verliebt hätte. Er wusste, dass ich Frauenbeziehung gelebt hatte und meinte, dass sei ihm egal was in der Vergangenheit gewesen sei. Jetzt wären ja wir zusammen. Ich sagte allen Bekannten und Verwandten, dass ich meinen besten Freund heirate. Keine gute Voraussetzung für eine Ehe.

Und ja ich wollte ein Kind, so sehr dass ich ab und zu eifersüchtig wurde, wenn wieder eine Buddhistin

mit neugeborenen Kind ins Zürcher Kulturzentrum kam. Im Oktober 1996 wurde ich schwanger: meine Schwangerschaft war sehr schön: ich ass jeden Tag ein Apfel und fühlte mich wunderbar. Bis am Ende nahm ich nur 14 Kilo zu: ich hatte kein Wasser in den Beinen wie viele Schwangere haben und fühlte mich psychisch sehr gut. In einem Bildband sah ich Woche für Woche wie sich das Embryo entwickelt. Ich und mein Mann mussten ganze fünf Monate warten, bis wir wussten dass es ein Junge ist. Ich durfte für den Jungen einen Namen aussuchen und Alessio für ein Mädchen. Für mich kam nur Nikolai in Frage, aber habe mich dann doch überreden lassen, mein Sohn Nikolas zu nennen und so ist es.
Im sechsten Monat hatte ich Wehen: das sind keine welche kurz vor der Geburt auftauchen, kommen aber vor. Nun ich gewöhnte mich daran, paarmal am Tag diese Wehen zu haben: der Bauch bäumte sich und es fühlte sich in der Blase so an, wie wenn ich Urin lassen müsste. Ich und mein Mann nahmen ab dem sechsten Monat für acht Wochen jede Woche einmal am Schwangerschaftsturnen teil. Wir Frauen lernten wie man richtig ein und ausatmen muss mit den Wehen. Auf jeden Fall hatte ich das so gut gelernt, dass ich meine Wehen lange aushielt auch dann noch, als ich hätte gebären sollen im Gebärsaal.

In nur drei eineinhalb Stunden kam Nikolas zur Welt: natürliche Geburt. Allerdings durfte ich Dreiviertelstunden eben nicht pressen, weil der Kleine mit der Schulter nicht durchkam durch meinen Kanal und die Hebamme mich innen massieren musste: bei jeder Welle musste ich umgekehrt atmen, nicht so wie wir gelernt haben und endlich nach weiteren fünfzig Minuten etwa kam der Grossfüssige zur Welt.

Nikolas

Im Krankenhaus hatten sie gerade mal einen einzigen Anzug für den Neugeborenen, so dass ich im Zimmer dann meiner Mutter um fünf Uhr morgens anrief es ginge uns beiden gut und dass Nikolas aber sehr grosse Füsse hatte und sie noch Socken und Strampelhöschen kaufen musste. Was meine Mutter auch tat und die kleinen Anziehteile noch wusch und trocknete als sie dann am Nachmittag gegen sechzehn Uhr mit meinem Vater kam, waren sie beide sehr glücklich: Nikolas schien sich von der Geburt noch erholen zu müssen: er schlief den ganzen Nachmittag. Ich musste halt alle drei Stunden Milch geben, die ich im Überfluss hatte. Gleich nach der Geburt waren es die Hebammen, die meinten, sie hätten noch nie jemanden so über alles strahlen gesehen: mein Gesicht wäre irgendwie erhellt. Ich war einfach überglücklich Mutter zu sein: das ist bis heute geblieben. Mein Mann badete den Kleinen schon das erste Mal und dann gaben sie ihn mir zum ersten Mal Mami riechen auf die Brust: er nahm mit dem Mund die Brustknospe in den Mund und für alle war klar: er würde gut zurechtkommen. Allerdings dauert es ein paar Stunden, bis die Muttermilch dann in den Drüsen bereit war. Ich wollte aufstehen nach dem Nähen des Unterleibes. Musste dann aber feststellen, dass ich überhaupt nicht gut auf den Beinen war: ich hatte viel Blut verloren. Leider würde ich noch einige Wochen das Problem haben, dass ich nicht aufrecht gehen konnte: ich schwankte: auch zu Hause hatte ich das Eisen im Blut einfach zu wenig. Ich blieb eine ganze Woche im Krankenhaus: meine beiden Zimmergenossinnen konnten schon früher nach Hause, aber bei mir waren sie nicht sicher, ob ich genau gewogen hatte: Nikolas nahm zu wenig zu für das, was ich ihn fütterte. Ich schaute an dem Tag ganz genau auf die Waage und endlich gaben die Pflegerinnen grünes Licht: meine Eltern fuhren mich und Nikolas am Montag nach Hause. Dort wartete ein schönes Kinderzimmer auf ihn: er weinte viel. Ich war nach wenigen Tagen ausgehungert nach dem Stillen alle anderthalb Stunden: nicht alle drei Stunden: alle anderthalb. Und dann brauchte es jedes Mal eine halbe Stunde bis Nikolas einschlief: also schlief ich eine Stunde und dann ging das Ganze von vorne los. Da ich schwankte und schwach auf den Beinen war, es aber Ende Juli war und schön sommerlich warm, nahm ich den Kinderwagen und legte Nikolas darein und machte Spaziergänge. Natürlich konnte er noch nicht gut sehen: das dauerte noch einige Wochen. Die Kühe waren noch weit weg von seiner Wahrnehmung. Aber ich erfreute mich der Sonnenstrahlen auf der Haut und war frohen Mutes, dass ich schon den Kleinen heranziehen würde. Ich war stolze Mutter. Mein Mann konnte mit dem Kleinen nicht viel anfangen: dafür mein Vater: egal wann er Nikolas sah, er nahm ihn hoch und in seine Arme und wiegte ihn stundenlang. Wir Urabel waren berührt von dieser Wandlung des Grossvaters. Nikolas würde auch später seinen Opi liebhaben.

Leider hatte ich keine Kinderkrippe gefunden und konnte nicht arbeite. Mit dem einzigen, kleinen Einkommen meines Mannes kamen wir nicht durch. Nikolas war 15 Monate alt als wir nach Florenz auswanderten auch weil Alessio mir erklärt hatte, dass er depressiv werde würde er noch einen langen Winter länger bleiben und ich verstand es.

Florenz

Ausserdem würde das Leben in Italien weniger kosten als in Zürich: ich täuschte mich schliesslich, denn ich berücksichtigte nicht, dass der Durchschnittslohn für mich als Büroangestellte lediglich 1000 Euro war. Allerdings arbeitete Alessio dann mit seinem Vater und dessen Arbeitskollegen als Industrie-Maler und war selbständig. Er verdiente mindestens eintausend achthundert Euro und wir lebten am Anfang bei meinen Schwiegereltern. Und so kam es, dass Klein Nikolas verstummte: plötzlich machte er keine Laute mehr, also redete mit mir in seiner ganz eigenen Kindersprache: er sagte für zwei Monate überhaupt nichts mehr. Obschon ich immer mit ihm Schweizerdeutsch sprach, war es für ihn doch eine gross Umstellung in Italien.

Alessio war ein getarnter Macho aber das stellte sich erst in Italien heraus. Als ich ihn kennenlernte erzählte er mir von Rosa Luxemburg, die sozialistische Frau, die sich für die Rechte der Frauen einsetzte in Polen und Deutschland. Ich war eine Feministin, wusste es jedoch nicht. Erst als ich schon einige Jahre vergeblich Arbeit suchte, entschloss ich mich, auch der sozialistischen Partei beizutreten. Alessio war begeistert und er gab mir auch viel Material zu lesen: ich nahm schon bei einer Demonstration mit Klein Nikolas als Zweijährigen teil. Es war eine bewilligte Demo, denn wäre sie das nicht gewesen, wäre es zu gefährlich gewesen für uns zwei und ich wäre nicht gegangen. Alessio war 1.83 gross, breit gebaut und war im Besitz des schwarzen Gürtels im Karate. Er war für die Sicherheit zuständig und lief am Rande des Menschenstroms. Schon damals lernte ich viele Frauen der Partei kennen: sie waren hübsch und sympathisch. Ich verstand nicht viel von dem was sie mit mir besprechen wollten: nur dass sie in mir ein Potenzial sahen als Mutter und Sozialistin. Aber ich kannte die Geschichte der Geschlechter nicht. Es waren etwa zwanzig Tausend Jahre seit das Matriarchat abgewechselt wurde durch das Patriarchat. Das heisst auch bei den Vormenschen war es die Frau, welche auf die Gruppe aufpasste, Aufgaben verteilte und irgendwann hat der Mann zugeschlagen und sich die Frauen Untertan gemacht. Seither wird unser Planet ausgebeutet und Männer führen Krieg. Lassen wir uns nicht irreführen durch Frauen, die Kamikaze also Terroristin geworden sind. Wir Frauen sind auf dieser Welt um auszuhalten, zu hoffen und zu beten. Ausserdem arbeiten wir, ziehen die Kinder gross und Spenden für die Armen. Im Normalverbraucher Ehepaar in Europa ist es zudem so, dass das Vermögen dem

Mann gehört, die Frau für sich und ihren Unterhalt am Abend putzen geht. Obschon sie in einer Wohnung zusammen wohnen. Ausserdem gibt es immer mehr Frauen aus dem Ostblock, die sich einen durchschnittlichen verdienenden Mann heiss machen und ihn heiraten. Nicht wenige geschiedene Frauen kennen solch eine Dame, die eben, wie es der Name sagt schliesslich vom Kredit ihres taufrischen Ehemanns leben und den Mann total in Beschlag nehmen, so dass er blutet und keine Alimente mehr an die Ex-Frau und das Kind bezahlen kann. Schliesslich lässt sich ja nicht nachweisen, ob jemand ein Kredit aufgenommen hat. Es gibt gute Männer auf dieser Welt, die ehrlich ihre Familie durchbringen und als Hobby den Garten haben und reichlich Früchte und Gemüse heim- bringen am späten Abend. Ich persönlich liebe das Landleben. Ich freue mich über die Wiesen mit Schafen und Kühen und wenn es ab und zu duftet, ist das auch in Ordnung. Ich kann sogar bei mir in der Nähe eine halbe Stunde den Hang hinauf spazieren und frischen Käse, Obst und Most kaufen. Ich lege den genauen Geldbetrag in die Kasse und freue mich für den Bauer, dass er überhaupt noch existiert.

Ich lernte vor allem Anna Camiciottoli kennen: sie war schon zweiundsechzig im September 1999 und sie nahm mich herzlich auf in ihr Leben. Sie hatte einen Mann, der mit seinen zwei von drei Söhnen selbständig ein Maurer und Gipsergeschäft führte. Sie lebten mitten in Florenz. Wenn wir sie besuchen gingen, oft mit Nikolas musste ich oft auf ein Parkplatz eine Viertelstunde bis halbe Stunde warten. Nikolas liebte den Film „Pinocchio". Wir Erwachsenen fragten uns weshalb: es ist die Geschichte eines alten Holzmachers der sich nichts sehnlicher als einen Jungen wünscht und deshalb einen Buben aus Holz macht: Pinocchio. Erstaunlicherweise redet das Holz mit dem Mann und er soll auch in die Schule gehen. Das jedoch macht das Holzding nicht und geht eigene Wege, bis er von zu Hause weit weg ist und sich nach seinem Holzmacher Freund sehnt. Es geschehen viele schlimme Dinge in dem Film aber Nikolas gefiel es. Vor allem das Ende nehm ich an: als der Holzklotz durch die gute Fee zu einem richtigen Jungen aus Fleisch und Blut wird.

Viel Zeit konnte ich alleine mit meinem Sohn verbringen weil ich nicht arbeitete. Nicht dass ich abgeneigt gewesen wäre, Teilzeit zu arbeiten aber ich fand einfach keine Anstellung. So sagten Freunde zu mir „du kannst vier Sprachen, warum in aller Welt findest du keinen Job".

Nun ich schrieb sogar in den Einkaufszentren an, dass ich Arbeit suchte, aber ich hatte dann erst ein Jahr später die Möglichkeit, meine Fähigkeiten unter Beweis zu stellen. Ich lernte Mario kennen. Er war Verkäufer, eigentlich seit kurzem erst Unternehmer und wir verstanden uns prächtig, so dass er mich nach nur einer Viertelstunde Gespräch in einer Bar einstellte.

Mein Englisch war nicht so fliessend wie Italienisch, aber Mario brauchte vor allem jemand, der perfekt Deutsch kann und da war er bei mir ja an der richtigen Adresse.

Seine Firma liess Autoüberzüge herstellen in der Slowakei. Es gab verschiedene Muster und natürlich Unmengen von Masse: also ein Toyota Sitz war anders als einer von Peugeot. So gab es schon zu Anfang Schwierigkeiten: Mario musste entscheiden, von welchem Mass wie viele Überzüge angefertigt werden mussten. Lagerraum hatte er genug: wir waren in einem kleinen Insel-Büro angesiedelt in einer Lagerfläche von 400 Quadratmeter. Ich machte also die Übersetzungen und da Mario ebenfalls fliessend Deutsch sprach, telefonierten wir oft miteinander und er diktierte mir den Brief, den ich für ihn schreiben sollte: es klappte ganz gut. Ich arbeitete sechs Stunden am Tag von Acht bis 14 Uhr. Und mein Chef nahm ich anfangs immer mit auf Rundgänge, bei denen er Dinge erledigte wie ein neues Bankkonto eröffnen oder beim Drucker Werbeunterlagen abholen. Marilena war meine Arbeitskollegin seit zwei Monaten, sie hielt die Stellung im Büro falls irgend jemand der Tankstellen, wo die Autobezüge verkauft wurden, melden sollte.

Nach kurzer Zeit mit Mario machte ich mir Sorgen um ihn: er hinkte und manchmal war er wie abwesend. Ich hatte dann eine Vision von ihm. Dazu muss ich erklären, dass ich einfach hellsichtig bin, vor allem den Tod von Menschen voraus spüre. Das schon seit ich 14 bin.

Ich sah Mario wie in einem Traum beim Meditieren also dem singen eines Mantras. In der Vision war er am fliegen über schöne saftige Hügel und sein Gesicht war sehr entspannt. Es war ein heller Traum und ich erzählte es Mario nicht gleich. Das erstaunliche war, dass er mich selbst am nächsten Tag fragte, was los sei. Ich würde ihn anders als sonst ansehen und dann sagte ich ihm halt, was ich gesehen hatte und auch für mich war klar: ich sah seinen Tod: friedlich aber irgendwie beängstigend: er war erst einundsechzig. An dem Morgen sagte er mir, dass vor zwei Tagen ein Gehirntumor diagnostiziert worden sei und er deshalb hinke. Man müsse so schnell wie möglich handeln und operieren.

Nun ich hatte nur noch wenige Tage mit Mario Zeit, er meinte auch , dass der Buddhismus sicher Gutes den Menschen bringe, die das praktizierten, dass er aber ein alter Katholik sei und bis ans Ende so bleibe. Ich verabschiedete mich an dem Nachmittag, als ich ihn zum letzten Mal sah, mit der Gewissheit, dass es das letzte Mal war. Er starb im Krankenhaus aber nicht an der Entfernung des Tumors sondern an einem Herzinfarkt. Ich werde ihn immer in guter Erinnerung behalten.

Nikolas ging wegen meiner Arbeit also in die Kinderkrippe halbtags. Meine Schwiegereltern gingen ihn abholen um 13 Uhr. Er wer sehr gerne dort, vor allem liebte er Geschichten, welche die Kindergärtnerin vorlas. Diese sagte auch zu mir, dass man merke, dass auch ich ihm viele zu Hause erzählte. Allerdings konnte ich ihn nicht mehr dorthin bringen, weil ich das Geld dazu nicht hatte. Solange ich arbeitete ging das, aber dann nicht mehr nach einem halben Jahr. Wir waren wieder zu Hause.

Ich war also wieder arbeitslos und hätte eine neue Stelle im Juli 2001 anfangen sollen, in der Nähe wo ich wohnte. Kurz vor Arbeitsbeginn hatte ich eine Intuition, dass ich mich um meinen Sohn kümmern sollte. Tatsächlich war es so, dass Nikolas am 8.

September im Treppenhaus bei uns daheim mit Socken ausrutschte und einen Saldo machte: zum Glück brach er sich nicht das Genick, aber den linken Arm. Wir fuhren mit Blaulicht in den Spital: es war eigentlich früher eine Erwachsenenabteilung gewesen, die aber dank einem Ärzte Paar umgestaltet wurde und jetzt eine Kinderabteilung hatte. Röntgenbilder des ganzen Körpers wurden gemacht: er hatte den Arm gebrochen weil eine Zyste seinen Knochen regelrecht aufgefressen hatte, wahrscheinlich seit Geburt. Nun war Nikolas vier Jahre alt. Er musste drei Vollnarkosen über sich ergehen lassen innerhalb von 9 Monaten. Es musste Cortison eingegeben werden, dort wo die Zyste sass. Gott sei Dank war die Behandlung ein voller Erfolg und der Knochen konnte langsam wieder nachwachsen.

Dazu kam, dass mein Mann und ich Nikolas wieder in den Kindergarten liessen; dort aber nach nur zwei Tagen ein Junge ihn zum Stürzen gebracht hat und Nikolas erneut den Arm gebrochen hat. Da fasste ich eine Entscheidung: ich würde wie die Ärzte verlangten meinen Sohn vierundzwanzig Stunden betreuten: denn der 4-Jährige durfte weder Springen noch irgendwie den Arm erschüttern und das war eine schwierige Aufgabe, aber ich nahm sie an und chauffierte halt Nikolas in einem Kinderwagen nach draussen jeden Morgen bis

Mittag: er hatte wieder einen Brustkorb Gips und es war immer noch heiss im Oktober. Ich machte mit ihm zusammen in meinem Bett einen Nachmittagsschlaf von etwa zwei Stunden. Wir spielten ein wenig mit Playmobil Sachen am Nachmittag. Vor allem aber las ich ihm Geschichten vor aus Büchlein von Märchen und wenn mir danach war, erfand ich auch welche für meinen Sohn, musste diese aber wieder abrufen können, denn Nikolas erinnerte sich immer an meine eigens kreierten.

4 x 7 Lebensjahre

Wieder waren sieben Jahre vergangen, ich war 28 als Niko die Zyste entdeckt wurde.
Manchmal denke ich an die Zeit und was mir in Sinn kommt, dass Nikolas ein drei Wochen altes Baby in Armen gehalten hat im Spital und wusste, dass dieses Kind eine Fussoperation vor sich hatte. Die Krankenschwestern ermutigten Nikolas, sich um andere zu kümmern, um die eigene Angst zu überwinden. Er machte das wunderbar.

Viel später würde sich Nikolas nur noch erinnern, dass ich streng mit ihm war und nicht springen durfte. Schwierig einem 4 jährigen zu erklären, dass er nicht wie andere ist mit einer Knochenzyste. Etwa nach sieben Jahren war der Knochen wieder fast vollständig nachgewachsen, aber die Zeit, in der Niko Sport machen wollte, war vorbei.

Zur selben Zeit zügelten wir: es war ein Bergdorf auf 450 Meter über Meer und wir kauften mit einer Hypothek von der Bank ein 120 Quadratmeter grosses dreistöckiges Haus. Allerdings war der Estrich nicht bewohnbar. Wir hatten also plötzlich vier Schlafzimmer und ein sehr grosses Wohnzimmer. Die Küche war eher klein, aber sehr gemütlich mit Holztisch und Holzstühlen und einem Kamin in der Ecke.

Nikolas durfte sich sein Zimmer von dreien aussuchen: er wählte das mit einer Terrasse und es war sehr hell. Wir richteten bewusst ein Zimmer ein für meine Eltern, die uns auch ab und zu besuchen kamen.

Nikolas begann in Kindergarten zu gehen. Es war im Dorf unten: wir hatten eine gefährliche Serpentin-Kurven-Strasse zu fahren: jeden Tag und kamen in etwa 20 Minuten unten an.

Ich arbeitete noch nicht. Erst ein paar Monate später wurde mir angetragen, im Gasthaus im Dorf am Abend zu arbeiten. Genau neun Monate habe ich das ausgehalten. Leider habe ich Mühe das zu halten Gleichgewicht, konnte auch nur zwei Teller gleichzeitig tragen und musste dadurch mehr gehen. Meine Sprachen waren ausschlaggebend, dass mich der Inhaber des Restaurants unbedingt wollte. Ich sprach in vier Sprachen fliessend mit den Gästen auf Deutsch, Französisch, Englisch und Italienisch. Mein Sohn genoss die Sommerferien im ersten Jahr in Pontassieve. Die Bergdorfbewohner hatten die super Idee, eine 12 Meter auf 8 Meter Wasserpool zu installieren mit Beton. Das war eine ganz stabile Konstruktion und wir lösten ein Sommer-Abo von wenigen Euros und genossen die Sonne und das Wasser. Nikolas konnte noch nicht wirklich schwimmen weil er mal als Vierjähriger einen Schwimmkurs im Winter machte und eine schwere Erkältung hatte plötzlich und musste unterbrechen. Er lernte tauchen und sich so fortbewegen. Ich war froh, nicht immer runter ins Dorf fahren zu müssen, auch wenn ich begriff, dass Nikolas Gleichgesinnte fehlten. Ich war damals ja schon bei den Buddhisten in der Sekte waren auf der ganzen Welt also auch in Pontassieve. Ich hatte mit zweien Müttern vor allem eine freundschaftliche Beziehung. Mit den andern Buddhisten war ich eher auf Distanz.

Die Somme im Bergdorf waren mit dreifach so vielen Leuten als im Winter. Viele hatten ein eigenes Haus oder einige mieteten Wohnungen. Später arbeitete ich für einen sogenannten „Agri-

Tourismus": das ist eine Wohnanlage auf dem Lande, mit Swimmingpool, wo die Leute ganze Häuser mieten können und am Abend bekocht werden in der Taverne mit Wein und Spezialitäten von der Gegend: Wurstwaren und Olivenbrot und Rindfleisch mit Pommes und eine Auswahl an Salate und natürlich dem typischen Ruffino Wein aus Rufina.

Meine Eltern kamen uns ins neue Haus besuchen und ich war stolz, ihnen ihr Gästezimmer zu geben und sie zu bekochen. Wir alle genossen die Zeit zusammen, obschon meine Mutter an meinem Mann ziemlich alles vermisste, was eine Ehefrau brauchte: Interesse und auch Mithilfe in der Kindeserziehung. Aber ich sagte ihr, dass das mir recht wäre. Ich sei schliesslich genug stark, das alles alleine zu schaffen.

Schwere Zeiten

Im März 2005 hatte ich wieder eine Intuition von meiner geliebten Mutter, die sterben würde. Es war mehr so ein einziger Gedanke, der dies sagte und ich erschrak.
Wir waren in den Ferien sowohl im August als auch im Dezember 2005 in der Schweiz.

Meine Mutter hatte im August erhöhten Blutdruck und der Notarzt riet ihr einige Tage Ruhe. So gingen wir auf einen Ausflug: mein Mann, Nikolas, meine Schwester und mein Vater.
Am Abend ging es Flora, meiner Mutter schon besser. Nikolas wollte mit seinem Omi spielen, aber es ist halt schwierig für einen Achtjährigen abzuschätzen ob das möglich ist. Wir gingen dann früh schlafen.
Im Dezember war ich sehr nachdenklich: es waren 9 Monate vergangen seit ich dachte, dass meine Mutter stirbt. Wir verbrachten eine Woche sehr harmonisch zusammen und als der Sonntag abend da war und wir am nächsten Tag abreisten, sagte meine Mutter zu mir:
„würdest du dich um deinen Vater kümmern, sollte ich nicht mehr sein. " Ich sagte ohne zu zögern „ja sicher das würde ich machen". Am nächsten Tag umarmte ich sie an der Wohnungstüre und dachte „das ist jetzt deine letzte Umarmung" und weinte innerlich die ganze Reise von Zürich nach Florenz. Die ganze Woche über war ich unruhig, eine Unruhe die jeder kennt, der an Schicksal glaubt. Ich telefonierte am Sonntag mit Flora und wir redeten wie so oft vom Buddhismus und irgendwie versuchte ich mich danach zu überzeugen, dass meine Intuition falsch war. Aber leider starb meine Mutter am Dienstag: Flora hatte am Morgen ins

Geschäft angerufen weil sie starke Kopfschmerzen hatte. Mein Vater hatte für beide Mittagessen gekocht und schaute ins Schlafzimmer: sie schien zu schlafen, war aber vermutlich schon ein paar Stunden tot. Später entdeckte mein Vater dass seine Frau verstorben war. Er rief den Krankenwagen aber auch die Polizei erschien. Herbert mein Vater rief mich erst nach 19.30 Uhr an, weil er wusste, dass ich erst dann von der Arbeit heimkam. Ich schrie vor psychischer Erschütterung am Telefon: mein Mann und Sohn kamen in die Küche, mein Ex spricht kein Deutsch und auch Nikolas versteht zwar Schweizerdeutsch aber kann nicht antworten nur auf Italienisch. Ich reiste am Mittwoch ab von Florenz. Meine Schwester begrüsste mich im Zürcher Hauptbahnhof mit den Worten „Gut dass du da bist." Wir machten eine Todesanzeige. Flora war 61 und starb am 10. 1. 2006.

Die Fachärzte haben keine Erklärung für die Ursache von Schizophrenie aber alle sind sich einig, dass es einen Auslöser gibt: nun der Tod meiner Mutter war dieser.

Ich war dann noch im April drei Monate später bei meinem Vater in Zürich eine Woche mit Mann und Kind und half ihm, die Wohnung zu räumen. Er wollte in eine kleinere Wohnung zügeln aber im selben Quartier. Mein Vater war 67.

Im Sommer fuhren wir alle: mein damaliger Mann, mein Sohn und mein Vater nach Velden am Wörthersee. Meine Mutter hatte die Idee gehabt und wir erfüllten diesen. Ausserdem waren es viele Jahre, dass ich meine Tante, also die Schwester von Herbert, besuchte.

Es war eine schwierige Woche: ich hatte plötzlich Asthma entwickelt und nahm homöopathische Mittel, die wirkten zum Glück in drei Tagen und es ging mir besser. Aber erste Zeichen einer Depression machten sich bemerkbar: ich wollte nicht mehr ins Freie, war am liebsten im Zimmer im Dunkeln. Auch mein damaliger Mann realisierte, dass irgend etwas mit mir nicht in Ordnung war.

Die depressive Verstimmung sollte ich noch einige Monate haben.

Auch als ich in der Pubertät war hatte ich depressive Verstimmungen. Ich schrieb Gedichte, um meiner poetischen melancholischen Seite Ausdruck zu verleihen.

Wenn ich ans ganze Jahr 2006 zurück denke ist es verschwommen: ich war in meinem Schmerz eingehüllt, nicht viel gab mir Halt, nur das Wissen, dass mich meine Mutter geliebt hat und dass sie nicht leiden musste beim Sterben.

Mein Leben ging weiter: arbeiten, zwei dreiviertel Stunden von Montag bis Freitag Auto fahren, Hausaufgaben mit Nikolas machen, kochen, abwaschen, das Haus reinigen, meditieren und am Sonntag im Freizeitzentrum im Dorf Kaffee trinken und Nikolas zuschauen, wie er Karten mit den älteren Leuten spielt. Mir wollte mein Sohn auch drei Kartenspiele lehren. Ich verstand davon nur ein Spiel, allerdings hatte ich keine Motivation. Mir liegen Gesellschaftsspiele nicht so: eben zu zweit oder mehrere. Schon als Kind konnte ich mich gut alleine beschäftigen.
Mein Sohn vermisste zwar Omi, aber dadurch dass uns mein Vater regelmässig in Italien besuchte, war das auch gut.

Nun als er dann nach weiteren sechs Monaten wieder bei mir in Pontassieve war sah ich ihn häufig telefonieren mit seinem Handy und er ging immer auf Distanz von mir. Da kam mir die Idee und ich fragte ihn, ob er eine neue Partnerin habe und er gestand mir „ja". Man hat im Leben nur eine Mutter, wie wir später noch sehen werden gibt es auch auserwählte Mütter, die vielleicht nicht die leibliche Mutter ist, aber uns Liebe und Geborgenheit gibt. Nun ich war in einem finsteren Loch gefangen: meine Seele wurde schwer geprüft. Obschon ich den Alltag lebte, den ich schon vier Jahre hatte in meinem Haus im Bergdorf, konnte ich oft die Gefühle nicht unter Kontrolle halten: weinte einfach drauf los, auch wenn fremde Leute auf dem Dorfplatz waren oder wenn ich kochen musste.

Ich war innerlich erschüttert und endlich fasste ich nach Monaten der Trauer einen Entschluss: ich würde meinen Vater bitte, mir Geld zu borgen, so dass ich zu einer Psychologin in die Therapie gehen konnte. Er half mir und ich fing zwei Wochen später an, jeden Dienstag in der Nähe zu der Psychologin zu gehen. Ich musste nur zwanzig Minuten fahren. Obschon sie eine Praxis in Florenz Zentrum hatte, wohnte sie seit kurzem in der Nähe von Pontassieve und kam zweimal die Woche zu mir in die Nähe. Ein Ärztekollege gab ihr die Praxis zur Verfügung und ich war sehr aufgeregt: ich war das letzte mal bei einer Psychologin als ich 1995 einen Vergewaltigungsversuch erlitten hatte von einem Sudanesen.

Ich musste damals in die Therapie gehen auch weil ich ihn angezeigt hatte und man ihn ausfindig machen konnte: seine Augen strahlten den Tod aus: er war sehr gefährlich. Die Psychologin machte ihre Arbeit gut, allerdings verstand sie nicht zu deuten, weshalb ich immer von einer weiblichen Seite meines Mannes sprach.

Stimmen

Es war Frühling 2007 und ich fing bei der Arbeit, die ich seit drei Monaten hatte, an Stimmen zu hören. Das erste Mal hörte ich eine weibliche Stimme, die zu mir während der Arbeit redete: „du bist in Gefahr" oder etwas Ähnliches sagte sie. Ich war sehr erschrocken und als die Stimme weiterredete obschon ich im Auto war und nach Hause fahren musste, hielt ich kurz vor dem Berganstieg an und telefonierte mit der Psychologin mit dem Handy. Sie versuchte mich zu beruhigen: das sei normal, dass wenn man sich für sich selbst einsetzt, dass dann etwas psychisch ausgelöst wird.
Nun ich wusste nur, dass ich das nicht wollte: ich konnte doch nicht mit einer fremden Stimme im Kopf sein. Was würde ich machen, wenn sie nicht weg ging. Nun sie liess mich nach diesen Gedanken einige Stunden alleine, bis sie wieder kurz vor dem Einschlafen sagte „pass auf dich auf". Während dem Schlafen hörte ich nichts Gott sei Dank. Allerdings begleitete mich diese weibliche Stimme von Morgen bis Abend und nach vier Tagen hatte ich eine Sondersitzung mit der Psychologin. Leider sprach sie keine Vermutungen aus, sondern schickte mich ohne lange zu reden zum Hausarzt. Der war in der Nähe und ich musste über eine halbe

Stunde warten. Er sprach freundlich zu mir, wie immer, fühlte mich gut bei ihm.
Er schaute die Augen an mit einer Taschenlampe aber schickte mich dann nach Borgo S. Lorenz, über vierzig Minuten Autofahrt. Ich sagte zu meinem Mann dass ich in die Notaufnahme musste und wir assen etwas, dann stiegen wir zu dritt ins Auto. Leider hatte mein damaliger Mann keinen Führerschein für das Auto, nur Motorrad und dreirädriger Lieferwagen. Ich musste also fahren. Mein Sohn musste im Wartesaal warten. Zunächst war mein Mann mit jemandem vom Pflegepersonal am reden, dann gingen wir beide in einen Raum, ein Mann in weissem Kittel empfing uns an der Türe. Wir setzten uns und der Mann schaute mich direkt an, stellte Fragen, die verwirrend für mich waren: es war so wie wenn mein Gedächtnis ausgeschaltet worden war als er mich nach meiner toten Mutter fragte. Ich sagte „ja, glaube daran, dass sie im Nebenraum auf mich wartet" woher dieser Gedankengang kam wusste ich nicht. Mit der Zeit habe ich verstanden, dass in den Psychosen die ich bisher hatte, viele unterbewusste Themen angeht wie zum Beispiel die Homosexualität in meiner Ehe. An dem Abend auf der Intensivstation bekam ich zwei Medikamente: eines war in Tablettenform, das andere ein Fläschchen. Mein Mann erklärte mir später, dass der Psychiater meine Personalien

aufgenommen hatte, dass ich anrufen sollte wegen einem Nachtermin. Es verlief so, dass ich nur alle sechs Wochen den Psychiater sehen konnte, etwa eine halbe Stunde Autofahrt von zu Hause entfernt. Nach wenigen Tagen hatte ich Lähmungen in den Armen vor allem: ich konnte die Hand nicht mehr ruhig halten weil ich sehr stark zitterte und mein ganzer Körper war irgendwie steif: ich konnte weder normal sitzen noch liegen und bekam Angst. Mein Mann sagte ich sei dumm, dass ich nicht am Tag reagiert hätte und ich bestand darauf, ins Krankenhaus zu gehen. Ein befreundeter Psychologe und seine Frau kamen zufällig an dem Abend zu uns und die beiden meinten auch, ich sehe ja völlig bleich und angespannt aus. Kein Wunder, so organisierten wir uns dass Tommaso hinter der Ambulanz fahren würde und mein Mann blieb bei Nikolas. Es stellte sich im Krankenhaus heraus, dass ich allergisch reagierte auf das eine Medikament und mir wurde die ganze Nacht über eine Infusion durchgeführt. Ich war völlig mit den Nerven am Boden und im Krankenhaus sprachen sie sehr lieb und nett zu mir. Das Erlösendste war eine Krankenschwester, die wie ein Engel aussah mit ihrem Lächeln sie sagte. „schlaf gut meine Liebe" und spritzte mir in die Infusion ein Mittel: ich schlief wie ein Stein. Irgendwann weckte mich mein Mann im Krankenhaus: Nikolas war bei den

Grosseltern und er war mit Stella zu mir gefahren: auch eine Bekannte, die mit Maurizio dem Sizilianer oberhalb vom Bergdorf auf einem Bauernhof lebte. Ich war noch einige Stunden benommen von dem Schlafmittel: inzwischen war es vierzehn Uhr und die beiden mussten mich festhalten, sonst kippte ich um, hatte kein Gleichgewichtsgefühl.
Zuhause angekommen ging ich schnurstracks ins Bett.

In der Zeit als die Psychose ihren Anfang nahm war ich Angestellte in einem Handelsbetrieb: die D-Linie: sie hatten Verkaufsläden in ganz Italien, mehrere aber in Florenz. Wir waren für den Einkauf der Waren verantwortlich: das meiste kauften wir in Asien ein und liessen es durch Schiffe transportieren. Ich war einerseits für die Zertifizierung und Übersetzung vom Englischen ins Italienische zuständig, machte aber auch eigenständig Einkäufe per Email.
Die Arbeit gefiel mir, etwas unwohl war mir, weil alles Frauen in meiner Abteilung von acht Leuten waren; nur ein Mann war angestellt. Ausserdem wurde ich unruhig, da meine Arbeitskollegin bestimmt lesbisch war und wir uns nicht gut verstanden. Meine Psychose wurde immer schlimmer. Eines Tages war ich überzeugt dass Antonella meine Arbeitskollegin, die im Büro

nebenan war und ich nur zwei bis dreimal persönlich gesprochen hatte, ein Komplott gegen mich hat und mich umbringen will. Deshalb kündigte ich meine Anstellung und sagte der Chefin, dass ich Angst vor Antonella habe, diese schüttelte nur ungläubig den Kopf. Kein Wunder fühlte ich mich verfolgt: auch vor dem Öffnen der Wagentüre meinte ich schwarze Schatten ums Auto zu sehen: aber bei näherem Hinsehen war da nichts. Ich hatte auch Angst, dass ein Peiler an meinem Auto angebracht worden wäre und fühlte mich unwohl beim Fahren. Der Verfolgungswahn ging so weit, dass ich überzeugt war, ein Mikrochip würde sich in meinem Körper befinden, irgendwie durch Antonella eingesetzt. Vielleicht war ich mal hypnotisiert von ihr im Frauen WC und sie machte mir den Chip an. Ich untersuchte jeden Zentimeter von meinem Körper am nächsten Tag. Zum Guten Glück habe ich nicht Hand an mich gelegt, sondern habe es beim Abtasten belassen: ich ass auch unregelmässig: kochte zwar für meine beiden Männer, selbst ass ich aber nur alle zwei Tage und wenig. Der Mikrochip kontrollierte anscheinend auch meinen Appetit. Das es psychologische Zusammenhänge gibt mit dem Körpergefühl wusste ich zwar, war aber völlig in den Wahrvorstellungen gefangen. Die Stimmen waren nun schon einige Wochen da. Ich hatte nach dem allergischen Vorfall mit den

Medikamenten neue bekommen und die vertrug ich besser: es war Zyprexa, und Citalopram. Ich verstand vielleicht gerade noch weshalb ich ein Antidepressiva nehmen musste, aber weshalb ein Neuroleptika? Niemand würde mir diese Frage beantworten in Italien, ich lag im Dunkeln mit der Diagnose.

Da ich nicht mehr arbeitete war ich zu Hause. Ein Nebeneffekt von den Medikamenten war, dass ich am Morgen kaum aus dem Bett kam. Ich erwachte erst um zehn Uhr morgens, obschon ich um 22 Uhr ins Bett ging. Mein Sohn musste alleine frühstücken und rechtzeitig auf den Schulbus gehen.

Dem Psychiater sagte ich eindringlich, dass das nicht gehe, dass ich solche starken Nebenwirkungen habe, er solle mir etwas weniger starkes geben. Aber da war nichts zu machen: der Arzt sagte mir mit direktem Blickkontakt, dass die Medikamente genau richtig wären und auch die Dosierung. Nun in der Schweiz ist es üblich, dass man Blut nimmt und einen Medikamenten-Spiegel macht, um zu sehen, wieviel Prozent das Medikament im Blut vorhanden ist. Dort machte man das nicht: unprofessioneller geht's nicht.

Psychose und mich Verlieben: das ist keine gute Kombination weil ich schon merkte, dass ich die

Mutter, dessen Sohn mit meinem in die Schule geht, in meinen erotischen Träumen vorkam.

Zudem hatte ich die Vorstellung entwickelt, mein Mann wäre ein Zweiteiliger Körper: am Tag ein männlicher Körper und in der Nacht ein weiblicher Körper. Als mein Mann ins Bett kam, meinte ich zu sehen, wie der Teil seines männlichen Körpers im Ecken steht und uns zusieht.
Ich war überzeugt, dass nur der weibliche Teil ins Bett kam, aber als ich realisierte, dass das nicht so war, wurde ich sehr unruhig. Sagen konnte ich jedoch nichts, mein Mann war nichtsahnend zum Liebe machen bereit und ich wurde zum Kühlschrank innerlich und ich sagte ihm, dass ich müde wäre und ich schlief spät in dieser Nacht ein trotz den Medikamenten. Ein Lied, das meinen Wahn von dem zweiteiligen Mann hatte war Shakira „si tu no vuelves" wenn du nicht zurückkommst.

Mein damaliger Mann rächte sich für meine Ausbleibenden Gefühle für ihn: er redete nicht mehr mit mir. Aber eigentlich war mir das auch recht. Dann passierte etwas Schlimmes. Weil mein Mann in Florenz Stadt arbeitete und mich nicht alleine lassen wollte, gingen wir alle drei zu seinen Eltern für drei Wochen.

Halluzinationen

Eines nachts sah ich mich im Spiegel: ich hatte gelbe Augen und fletschende spitzige Zähne: ich war zum Werwolf geworden; hatte überall Fell. Ich unterdrückte einen Schrei und zog mich nackt aus: ich breitete mich nackt auf dem Boden aus, der bestimmt dreckig war wie die Priester im Katholizismus und betete zu Gott, er möge mich zurückverwandeln. Nach einigen Stunden stand ich auf. Da öffnete mein Schwiegervater, der einen leichten Schlaf hat, die Türe, sah mich nackt und schloss sie wieder. Ich legte den Morgenmantel an und ging ins Schlafzimmer: wir schliefen zu dritt in einem Bett. Reden hatte ich Angst, dass nur ein animalischer Laut hervor kam. Sobald ich meinen Sohn berührte wurde ich plötzlich wieder zum Mensch. Ich dachte mir: Nikolas ist ein Magier, er hat mich wieder normal gemacht. Ich habe nie mit jemandem darüber geredet, wie so vieles auch erst vor zwei Jahren im Rahmen des Schulprojekts Pro Mente Sana.

Es ist lange her und während ich das alles schreibe, fühle ich nicht mehr mit, es ist wie wenn ich von einer jüngeren Karin erzähle, die aber nicht viel mehr gemeinsam hat. Doch möchte ich ehrlich davon erzählen, was mir zugestossen ist.

Ich hatte also den Verfolgungswahn und auch Fernsehen war problematisch: ich sah einmal schwarz gekleidete Männer mit Masken, war überzeugt dass die von Rom, wo die Sendung ausgestrahlt wurde, die dann nach Florenz kamen und mich umbrachten. Von all dem erzählte ich meinem damaligen Mann und er sagte meistens „mach dir keine Sorgen".
Ich ging weiter in die Gesprächstherapie zur Psychologin. Auch sie sagte mir nicht, dass es sich wahrscheinlich um Schizophrenie handle und ich psychotisch sei.

Zudem hatte ich öfter zwei Stimmen im Kopf, die untereinander redeten in meinem Kopf: eine männliche und eine weibliche.
Sie erzählten mir von einem acht jährigen Mädchen, das mein Kind sei und in Österreich lebe. Die Stimmen befahlen mir, dieses auch zu suchen. Ich sprach zum Glück nur auf Hochdeutsch darüber, so dass mein Mann nichts verstehen konnte.

Dazu kamen Halluzinationen: ich erkannte auch mir bekannte Gesichter nicht sofort, einmal auf einem Platz in Florenz erkannte ich meinen Mann nicht mehr: war überzeugt er sähe aus wie meine Psychologin. Und auch heute noch habe ich zum Teil Mühe, Frauen und Männer zu erkennen im Bus oder sonst wo.

Ich schrieb in drei Monaten ein Roman auf Italienisch. Die Geschichte war eigentlich autobiographisch weil ich von einer Frau schrieb, die psychisch erkrankte und am Schluss den Ehemann mit der Tochter verliess. Mein Mann war begeistert und malte sich aus, wie mein Buch ein Bestseller werden sollte und träumte so ohne zu verstehen, dass meine Zeilen ein Hilferuf waren. Das Italienisch meines Buches war nicht sonderlich gut. Ein Freund eines Freundes gab mir die Telefonnummer von Loredana in Florenz Stadt. Wir trafen uns bei ihr zu Hause: ich mit dem Laptop, um die Zeilen gleich umzuschreiben: wir sind gute Freundinnen geworden. Mit einem Unterbruch von anderthalb Jahren hatten wir wieder Kontakt und nun seit 2010 sehen wir uns dreimal im Jahr weil ich bei ihr übernachte und ich am Tag Nikolas sehe in Florenz.
Ich fuhr wie immer Auto. Muss aber dazu sagen, dass ich eine sehr geübte Autofahrerin war und kein Risiko bestand, nicht mehr richtig zu fahren. Der Hausarzt stellte mir ein paar einfache Fragen, aber ich konnte nicht mehr antworten weil mein Mann

daneben sass und ich gerne gesagt hätte: ich will meine Ehe beenden, dann wird es mir besser gehen.

Nun das war das erste Mal dass ich in die psychiatrische Abteilung eingewiesen wurde.

Mein Sohn sah ich dann zwei Wochen nicht mehr. Besucher war mein Mann und einmal auch der Bekannte, der Psychologe Tommaso. Ich wurde mit sehr starken Medikamenten behandelt: wahrscheinlich Valium. Ich schluckte alle Tabletten, die sie mir gaben. Ich war verängstigt weil die anderen Patienten sehr seltsam wahren: führten Selbstgespräche. Leider war ich in sehr begrenzten Räumlichkeiten: der Aufenthaltsraum und die kleine Terrasse draussen, mit Balken zugemacht waren kleiner als mein 50 Quadratmeter Wohnzimmer. Ich litt darunter, dass ich nur mit meinem Mann reden konnte. Mir fehlte auch die Psychologin. Als ich wieder nach Hause kam war ich nicht mehr dieselbe, welche in dir Klinik gegangen war. Ich konnte es einrichten, dass ich noch alle zwei Wochen zur Psychologin ging. Ich las einige Kapitel vor aus meinem Buch und ich war dabei mich an den Gedanken zu gewöhnen, nicht mehr in die Gesprächstherapie zu gehen weil ich es mir nicht mehr leisten konnte.

Im Dezember besuchte mich mein Vater und wir feierten bei Maurizio auf dem Bauernhof mit sechs Kindern und doppelt so vielen Erwachsenen Weihnachten, obschon ich als Buddhistin das nicht feierte, für die Kinder aber Geschenke zu geben hatte. Nun es war so, dass ich mich immer mehr von meinem Mann entfernt hatte: einfach innerlich. Dann plötzlich, auch dies ohne Voranmeldung gingen die Stimmen zurück: ich hatte fast den ganzen Tag Ruhe von ihnen und konnte wieder früh aufstehen am Morgen. Nun ich glaube, dass ich eben vieles Unterbewusstes in dem Roman ins Bewusstsein geholt habe und eigentlich wusste ich schon Monate lang, dass ich mich von meinem Mann trennen muss. Nun ich fand innerhalb von 5 Tagen eine Stelle als Empfangsdame/Bar/Administration in einem Hotel in Fiesole, in den Hügeln von Florenz, eine halbe Stunde von mir entfernt. Ich konnte in zwei Wochen anfangen zu arbeiten: Hundert Prozent mit einem guten Verdienst.

Vorher hatte ich die Gelegenheit ans Meer zu fahren: eine vermögende Schweizerin und Buddhistin welche nach dort ausgewandert war und jetzt verheiratet war mit einem Italiener,

lud alle Zürcher und Zürcherinnen ein, einen Austauschkurs mit den Italienern in Cecina zu

machen. Ich war drei Tage dort. Ohne GPS war ich doch am richtigen Ort angekommen.
Es war schön, die Buddhisten zu sehen. Andererseits war mir doch bewusst, dass ich vorwärts schauen und meine Ehe beenden musste. Es würden noch weitere vier Monate dauern.

Neuer Auftrieb

Innert wenigen Tagen fand ich eine Anstellung im Hotel in Fiesole. Ich arbeitete an der Bar am Morgen und servierte: Cappuccinos, Milchkaffe und Espressos.
Am Nachmittag machte ich Übersetzungen von Speisekarten und die Hotelinhaberin wollte mir zudem noch das Buchhaltungssystem zeigen und mir beibringen damit umzugehen.
Nach fünf Wochen Arbeit und einem guten Gefühl, dass ich wieder Fuss fassen würde in der realen Welt geschah etwas Schwerwiegendes: mein Handy war plötzlich weg. Ich hatte es zum Akku Laden ins Schlafzimmer gelegt, aber dort war es nicht mehr am Abend. Mein Mann behauptete, er habe es nicht gesehen. Leider hatte ich mir viele wichtige Telefonnummern nicht aufgeschrieben, es wäre verheerend gewesen ohne mein Handy die sozialen Kontakte aufrechtzuerhalten. Ich war

damals noch Gruppenleiterin bei den Buddhisten in Pontaniccheri, also musste ich in Kontakt bleiben. Nun das Gerät tauchte drei Tage später in meinem geparkten Auto wieder auf: ich war mir sicher, dass es mein Mann gewesen ist oder sein Kollege Tommaso. Ich hatte Angst und wusste, dass die Krise vorüber war, dass ich aber eine Entscheidung treffen musste und zwar bald.
Ich ging von einem Tag auf den anderen nicht mehr ins Hotel arbeiten. Etwas lag in der Luft, mein Mann war seltsam ruhig und mein Sohn war wie immer: wollte einfach viele Umarmungen und war viel mit mir zusammen.

Den Mut hatte ich gehabt und meinem Mann reinen Wein eingeschenkt: ich sagte ihm dass es schliesslich nur eine Frage der Zeit war, bis ich wieder Frauenbeziehung lebte. Er sagte erstaunlicherweise mal nichts.
Eines Samstag abends war mein Sohn nicht mehr zu Hause: ich war einkaufen gegangen und meine Schwiegereltern waren anscheinend bei mir gewesen. Anstatt eine Antwort von meinem Mann zu erhalten, zog er mir den Stuhl mit aller Gewalt weg, so dass ich mit meinem Kopf an die Wand aufschlug: ich war völlig überrascht. Schläge auf Kopf und Rücken folgten und mein Mann hielt mich zurück, als ich vor der gläsernen Haustüre um Hilfe

schrie. Er schlug mich und wollte dass wir ins Schlafzimmer hoch gingen. Ich wehrte mich, aber er hat den schwarzen Gürtel im Karate und machte mit den Beinen Bewegungen, so dass ich raufgetreten wurde. Im Schlafzimmer warf er mich aufs Bett und da kam er mit dem Kopf auf meinen Kopf zu schlagen: ich war völlig benommen von den zwei Schlägen. Mit einem Kopfkissen auf dem Kopf nahm er mir den Atem und ich dachte „jetzt ist es fertig mit meinem Leben". Gott sei Dank hatte er sich es plötzlich anders überlegt und entfernte das Kissen: ich konnte stossweise atmen, dann machte er sich an meiner Trainerhose zu schaffen, zog mich unten aus, sich selbst auch. Ich wollte mich erheben und aus dem Zimmer flüchten. Aber ich war zu geschwächt. Schliesslich stiess er in mich hinein und ejakulierte in mir, was er sonst nie gemacht hatte. Er sagte kurz danach: so jetzt weisst du wie es ist, vergewaltigt zu werden. Und morgen bringe ich dich in die Klinik, wehre dich nicht, denn sonst werde ich meinen Sohn in Sizilien verschwinden lassen. Ich glaubte ihm aufs Wort.
Ich blieb im Schlafzimmer liegen die ganze Nacht. Das Bettlaken war voller Blut weil ich die Menstruation hatte. Im Bad machte ich mich frisch. Weinen konnte ich nicht, war viel zu verängstigt. Mein Mann hatte unten den Riegel geschoben an

der Haustüre. Ich war sicher, er würde mich weiter verprügeln, würde ich Hilfe holen wollen.

Labyrinth

Am nächsten Tag fuhren wir um 8 am Morgen auf dem Motorrad nach Borgo S.Marco. Wie angedroht lieferte mich mein Mann in die psychiatrische Klinik ein. Dort wurde ich vollgepumpt mit sehr starken Medikamenten zur Beruhigung. Ich fragte im Abstand von zwei drei Stunde alle vier Pfleger und Pflegerinnen ob ich eine Anzeige bei der Polizei machen könnte gegen meinen Mann, der mich gestern vergewaltigt hat. Nun alle sagten, das müsse der Oberarzt entscheiden. Nur war es leider so, dass ich diesen nur in Gegenwart von meinem Mann sah. Also waren mir die Hände gebunden. Ich war total benebelt, konnte mich aber an die Festnetznummer meines Vaters erinnern und die Pfleger gaben mir die Erlaubnis ein Telefonat zu machen: Mein Vater nahm sofort ab: ich sagte einfach „Alessio hat mich vergewaltigt und nach Borgo S. Lorenzo in die Psychiatrische Klinik eingeliefert. Bitte komm mit Sandra hierher und holt mich heraus."
Am nächsten Nachmittag kamen meine Schwester und mein Vater. Sie waren zuerst in meinem Haus

gewesen: Nikolas war nicht da. Alessio war überrascht sie zu sehen und meine Schwester fragte, was genau geschehen ist. Ich konnte nicht antworten, schämte mich sehr, Opfer von häuslicher Gewalt zu sein.

Nach einigem Hin- und Her ging ich nach Hause, aber nur weil mein Vater mit mir dort sein würde. Mein Mann behandelte mich wie Luft, was eine Bestätigung für meine Schwester war, das etwas vorgefallen war. Leider musste sie nach zwei Tagen wieder abreisen. Mein Vater blieb noch zehn Tage mit uns im Haus. Meine Schwester erzählte mir, dass sie zu Alessio gesagt hätten, dass ich mal sechs Wochen nach Zürich komme. Er war einverstanden.

Nikolas sprach in den zehn Tagen zu Hause fast kein Wort mit mir allein, weil sein Vater ihn nach dem Essen wieder mit in Wohnzimmer nahm. Mein Sohn wurde von Anfang an instrumentalisiert und ich bin sicher, dass Nikolas nichts von meinen psychischen Problemen wusste, deshalb auch nicht verstehen konnte, dass ich behandelt werden musste in der Schweiz.

Meinen Sohn sah ich nicht mehr und fuhr mit meinem Vater im Auto nach Zürich am 18. August. Ich hatte wieder eine Art Krise, weil ich überzeugt war, dass an der italienischen Grenze mein Sohn auf mich wartete und mitkam nach Zürich. Als ich merkte, dass das nicht so war, wollte ich aussteigen. Mein Vater hat mich mit Mühe überreden können, weiter zu fahren.

Es vergingen acht Wochen bis ich wieder nach Florenz fuhr und endlich meinen Sohn treffen konnte. Ich hatte in dieser Zeit eine Psychiaterin gefunden, die mit mir eine Therapie machen würde und ich einmal wöchentlich zu ihr ging. Ausserdem liess sie verschiede Untersuchungen machen: neurologisch gesehen war bei mir alles in Ordnung, ich hatte auch kein Hirntumor und das erleichterte mich. Die Medikamente waren wieder Zyprexa am Abend und ein Antidepressiva. Es dauert an die acht Wochen, bis ich gut eingestellt war mit der Dosierung der Medikamente.

Es ging mir etwas besser und ich konnte meinen Sohn in Italien besuchen:
Wir waren im Caritas Jugendzentrum als ich meinen Nikolas fest umarmte und aber sagen musste, dass ich nicht mehr in Florenz leben konnte weil ich ja niemanden hatte von meinen Verwandten und die Freunde waren auf der Seite von meinem Mann. Ich

versuchte ihm zu erklären, dass ich mir wieder eine Existenz mit Arbeit und eigener Wohnung aufbauen musste.
Nikolas verstand mit 11 nicht, was das bedeutete: er war überzeugt dass ich in der Nähe von Ponte a Niccheri bleiben würde.

Diskriminierung

Danach konnte ich meinen Sohn nur noch mit der Sozialarbeiterin treffen: nach vielen Monaten des Wartens hatte ich nur die Gelegenheit von Dreiviertelstunden Nikolas zu treffen und lange durfte ich nicht sprechen in seiner Gegenwart. Er war so sehr von seinem Vater und Grosseltern und Tante und Onkel negativ beeinflusst worden, dass Nikolas ausrastete wenn ich anfing etwas zu fragen oder zu erzählen. Ich durfte nur stumm dasitzen und zuhören, wie er mit der Sozialarbeiterin sprach. Nicht mal die Hand geben zu können war sehr bitter, Nikolas ertrug meine Nähe nur schlecht.
Die Sozialarbeiterin Ceconi war offensichtlich auf der Seite von meinem Mann. Immer wieder betonte sie, was für ein wunderbarer Mann er doch sei und mir wurde dabei schlecht.
Mein Mann hatte ab dem ersten Tag als ich abgefahren war eine obdachlose Frau mit Hund zu

sich Heim genommen und wie mir eine gemeinsame Freundin dieser Frau erzählte sagte er einfach: „du musst für uns kochen und putzen, dafür kannst du hier wohnen".

Ich kann mir nur vorstellen, wie schwierig das für Nikolas gewesen sein muss, eine Fremde im Haus zu haben: er der schüchtern ist mit neuen Leuten.

Darüber sprach die Sozialarbeiterin nicht und mehr als einmal bettelte ich, sie möge das Haus kontrollieren mit einem Besuch im Winter. Denn die Freundin, die Buddhistin die ich kannte meinte es käme nicht mal Rauch aus dem Schornstein und wir vermuteten, dass nicht geheizt wurde. Der Besuch der Sozialarbeiterin fand nie statt. Dafür musste ich viel über mich ergehen lassen: sie liess mich mehr als einmal über Dreiviertelstunden in ihrem Büro auf Nikolas warten und hatte dafür keine Begründung.

Wenn ich dann nach der Begegnung mit meinem Sohn alleine in Pontassieve auf dem dem Bahnhof war und innerlich verzweifelt weinte, sah ich nur Diskriminierung wegen meiner sexuellen Orientierung, über die natürlich niemand offen sprach.

In Zürich hatte ich innerhalb von zwei Monaten einen Job im Call-Center: hundert Prozent-Stelle und verdiente lächerliche 3'400 Schweizer Franken anstatt meine bisherigen 5'800. Es war ein geringer

Lohn für anstrengende Arbeit, aber ich konnte das Buchhaltungssystem Software SAP lernen, das sehr gefragt war bei Stellenprofilen von anderen Firmen. Ich schaffte es 15 Monate lang etwa 150 Telefonate am Tag abzuwickeln. Ich musste immer wieder ein paar Tage frei nehmen, um vier mal nach Florenz zu reisen: die beauftragte Richterin verdonnerte mich zu einem Termin bei einer Psychiaterin, bei der Psychologin und bei einem Neurologen. Nun die Auswertungen waren nicht positiv, ich habe die ganzen Auswertungen auf Italienisch gelesen und verstanden, dass auch mein Mann nicht gut weggekommen ist beim Psychotest.

Ich war froh, dass auch Nikolas zur Neurologin gehen musste, denn sie stellte fest, dass er vor allem mit mir eine emotionale Bindung hat und sein Vater an letzter Stelle kommt, was auch der Realität entsprach.

Nikolas war also mit einer fremden Frau konfrontiert und mein Ex liess anscheinend auch ein krimineller Kollege und ein Transvestit bei sich wohnen, so hörte ich jedenfalls von der Kollegin, die direkt gegenüber ihr Nähatelier hatte und alles mit bekam.

2009 war auch die Anwältin angesagt die mir helfen sollte, das gemeinsame Sorgerecht zu erkämpfen. Aber dadurch dass die Psychiaterin schrieb, ich sollte wieder Medikamente nehmen bevor ich Nikolas sehen konnte, schwanden meine Chancen.

Ich wurde als schwer krank hingestellt und die Richterin hat dann November 2014 entschieden, dass das Sorgerecht
Beim Sozialamt in Campi Bisenzio blieb.

Freundschaft

Im Dezember 2009 fasste ich den Mut und ging bei Loredana vorbei: es war der 25. Ich erzählte ihr was passiert war und sie bestand darauf, dass ich immer zu ihr wohnen kommen würde. Ich war sehr erleichtert und diese Freundschaft dauerte nun schon viele Jahre.
Loredana hatte ein Autounfall vor 10 Jahren gehabt, bei dem sie das linke Bein amputieren musste. Sie geht mit einer Beinprotese und einem Gehstock, manchmal auch mit Krücken.
Ich bewundere sie, weil sie nie schlecht gelaunt oder niedergeschlagen ist. Loredana hat einen starken Glauben als praktizierende Katholikin und ab und zu lässt sie junge Waisen bei sich wohnen. Für mich hat sie es genau verstanden, dass ein guter Christ eben konkret anderen hilft.

Im Call-Center war ich leider Opfer von Mobbing: wir waren alles Frauen und eine davon hatte es auf mich abgesehen und stiftete andere Kolleginnen an,

mich sogar im Bad zu stören und an die WC-Türe zu klopfen. Ich war mit den Nerven am Ende.
Den Arbeitsvertrag kündigte ich nach 15 Monaten und wir dann zwar arbeitslos aber ich hatte wenigstens eine Auszeit: das tat meinem Körper gut, weil ich auch am Nachmittag ein paar Stunden schlafen konnte. Ich hatte seit 2008 Schlafstörungen: ich schlief früh ein um 20.30 und erwachte um Mitternacht, brauchte über eine Stunde um wieder einzuschlafen und das wiederholte sich über Monate.

2010 war ein Jahr, in dem ich viel erlebt habe mit den Buddhisten und der Höhepunkt war der sogenannte Sommerkurs Anfang September in den Hügeln von Lugano: wunderschöne Sicht auf den See Lago Maggiore und die Hügel waren saftig grün. Wir waren zu vierer Gruppen in einer Wohnung: ich schlief im Wohnzimmer und eine mir bisher nicht bekannte schwarze Frau war neben mir. Mitten in der Nacht verschwand sie und ich erfuhr, dass sie frühzeitig abreiste.

Ich selbst reiste genau drei Tage vorher nach Florenz. Nutzte die Rückreise um in Lugano zu halten und eine Buddhistin, die ich nicht kannte, die aber einen anderen buddhistischen Mann begrüsste, brachte mich in zwanzig minütiger Fahrt zum Hotel. Der Schweiss unter meinen Achseln war stark, es war mir unangenehm dass man es roch, aber ich hatte auch Hunger und stillte erstmals den um 21 uhr. Ich begrüsste ein paar bekannte Buddhisten und zog mich dann aber ins Appartement zurück: duschte ausgiebig und zog meinen Pijama an.

Ich war doch sehr müde und freute mich auf den nächsten Tag. Meine Lieblings-Buddhistin Frau B. sah ich nicht mehr, sie war wahrscheinlich an der Bar oder mit irgendeiner Gruppe Frauen am reden.

Noch während dem dreitätigen Kurs wurde ich herausgefordert: ich sah wieder das Ärztepaar, dem ich in Trets im Frühling anvertraut hatte, dass ich von einer Buddhistin, die sie kannten vergewaltigt worden war. Ich fühlte mich nackt, viele dieser Buddhisten wussten viel von meinem Leben und ich von ihrem. Während dem ich das erste Mal hinter den Kulissen mit einem Kopfhörer und Mikrofon die Übersetzung von Deutsch auf Italienisch machte und umgekehrt und später am letzten Kurstag am Sonntag morgen mit auf dem Podium sass und über dreihundert Gesichter direkt sah von dort oben, war für mich klar, dass ich da nicht dazugehörte. Ich war ein einfacher, bescheidener Mensch, der die anderen nicht ausnützen würde und das wussten die Freunde genau. Ich würde wahrscheinlich eine Art Karriere hier drinnen machen, was ich aber absolut nicht wollte. Während dem ich eine wichtige Stelle im buddhistischen Gebets- und Geschichtsbuch aus Erinnerung übersetzen musste, wurde mir klar, dass ein „Bodhisattwa" nur den Schwur geleistet hat, den Satz „nam myoho renge kyo" zu rezitieren und nach der Buddhaschaft zu trachten. Ein „Boddhisattwa" ist ein Mensch, der mitfühlend mit anderen ist und wie im Christentum auch die andere Wange noch hinhält auch wenn er geschlagen wird.

Nun ich war dabei, aus meiner Opferrolle herauszuwachsen, mit immer mehr Selbstbewusstsein. Ich wollte nicht mehr auf andere angewiesen sein, nur weil ich nicht gerne alleine meine Wochenende verbrachte und weil ich mich für das Gebet zu Gott immer mehr interessierte.

Die Buddhisten mit denen ich am meisten zu tun hatte ab August 2008 sind regelrechte Persönlichkeiten mit viel Macht innerhalb der Sekte Soka Gakkai International mit Hauptsitz in Genf. Es gibt dort sogar eine Villa in Versoix, die für internationale Gespräche von Abgeordneten zur Verfügung gestellt wird. Hauptquartier ist Japan, Tokyo wo der Präsident Daisaku Ikeda schon viele Auszeichnungen weltweit erhalten hat.

Die Geschichte beginnt im zweiten Weltkrieg, als der 1900 geborene Josei Toda von den Priestern die Pergamentrolle erhält, den „Gohonzon" auf dem in der Mitte steht „nam myoho renge kyo" und das soviel bedeutet wie: ich widme mein Leben dem mystischen Gesetz von Leben und Tod.

Die Priesterschaft selbst wurde korrupt mit dem Priester Nikken in Japan. Die Mitglieder müssen kein Geld bezahlen, dass sie in die Kulturzentren „chanten" also „nmrk" rezitieren können. Eine Spende ist aber immer willkommen und schliesslich habe ich in achtzehn Jahren Mitgliedschaft tausende von Franken und Euro ausgegeben für die unzähligen Bücher, welche von der Studienabteilung in Deutschland vom Englischen übersetzte oder italienische Bücher gekauft habe. Und all das Geld für die Autorenrechte kassiert D. Ikeda und wird immer reicher.

„Du dieser Mensch hat aber einen schlechten Lebenszustand" das sagten die Buddhisten, wenn jemand schlecht gelaunt war oder einfach müde war. Es kam vom Konzept der 10 Welten: der niedrigste Zustand ist der der „Hölle": in diesem Zustand ist schon das einfache Alltagsleben eine Qual, das Herz ist schmerzerfüllt und man sieht es der Person an, im Gesichtsausdruck dass es ihr nicht gut geht.

Der zweite Zustand ist der des „Hungers" und eine Person muss KONSUMIEREN: Essen, Kleider, Sex, alles Mögliche, um dieses Gefühl zu stoppen.

Der dritte Zustand ist der des Ärgers: den kenne ich persönlich auch. Das wenn etwas nicht so läuft wie geplant macht sich dieser breit.

Der Zustand 9 ist der Boddhisattwa: ein Mensch, der Mitgefühl hat für alle Lebewesen und nach der Buddhaschaft strebt und auch verwirklichen wird, so hoffen die Buddhisten

Die Buddhaschaft ist die Erleuchtung: das Überwinden der Materie in einen geistigen Zustand. Nichiren Daishonin, der Begründer des Anbetens von „Nam myoho renge" war ein einfacher Priester, der zum Budda erwachte.

Der Daishonin wurde von einem Samurai und mächtigen Staatsmann verfolgt und zu Tode verurteilt worden. Durch einen Kometen, der urplötzlich am Strand vorbei schoss und das Todes-Kommando von sechs Samuraien vereitelte, ist interessant um sich die Frage zu stellen: war es der Budda Daishonin, der den Kometen hergerufen hat oder war es einfach so, dass der Daishonin WUSSTE, dass genau dort der Komet einschlagen würde. Nun anscheinend sagen die Buddhisten der Soka Gakkai dass das Universum den Kometen hervorgerufen hat, der Daishonin aber gewusst hat, dass dieser am Strand dort wo er geköpft hätte werden müssen, vorbei ziehen würde. Interessant nicht. Das heisst also dass der Buddha selbst nicht mal einen Himmelskörper schaffen kann!

Während ich mir überlege, mit welchen Leuten ich zu tun hatte innerhalb der Soka Gakkai vergeht mir beinahe die Lust, darüber zu beschreiben. Trotzdem denke ich, dass es wichtig ist, die Akteure zu beleuchten, welche die Bretter der Bühne zwar nicht aber auf den Machtpositionen stehen in der SGI:

Ich spreche in der Gegenwartsform, weil ich annehme, dass sich nicht viel verändert hat bei den Buddhisten, mit denen ich mehrmals in der Woche in Kontakt war.

Und reich sind auch Frau M. und ihr Mann R. beide Süditaliener, die schon seit über 40 Jahren in Zürich leben. Er arbeitet in der Bank und spekulierte an der Börse, deshalb scheffeln sie mit Erfolg Geld und kauften eine teure Eigentumswohnung. Ihrem Sohn und ihrer Tochter sagten sie Dinge wie: du bekommst ein Geschenk wenn die Aktien diese Woche steigen." Als ich die Sekte verliess waren M.und R. dabei die Gesamtschweizerischen Leiter zu werden durch ein Komplott, das Frau A.-M. eingeleitet hatte, aber das leider aufgeflogen ist und sich die Leitung der Organisation an Japanische

Hauptleiter gewandt haben, die empfohlen haben einen Machtwechsel auszuführen, das heisst neue Leiter zu wählen.

Der nächste wichtige Leiter war der Japaner Herr F.: schwul und mit siebzig Jahren das älteste Mitglied in der Sekte in der Schweiz. Er organisierte in den frühen siebziger Jahren auf eigene Kosten in einem Geschäftsbüro Versammlungen und war ein aktives Mitglied neue Mitglieder anzuwerben, das heiss „Shakubuku" und kommt aus dem Japanischen und bedeutet soviel wie „das Falsche aufdecken und das Richtige weitergeben". Herr F. ist eigentlich pensioniert, lehrt aber am Opernhaus in Zürich Ballett. Er ist ehemaliger Balletttänzer und Musiker, spielt Klavier sehr gut. Nun dass er schwul ist interessiert vor allem die vielen schwulen Männer in der Sekte. Darunter auch Herr M., ein dreissigjähriger Schwuler, der ein guter Freund ist und sich leider noch nicht entschlossen hat, aus der Sekte auszusteigen. Immer wenn ich ihn sehe, frage ich nach der SGI und ob er sich wohl fühle: bis jetzt ja.

Die Leiter haben Leiterversammlungen nur mit den Schweizer-Leitern oder dann nach Region und ich war auch über ein Jahr Bezirksleiterin: das heisst ich war für 30 Frauen verantwortlich. Jede dieser

Frauen konnte mir anrufen und mich bitten, zu Hause vorbei zu kommen. Nun die Wohnorte waren alle in Zürich, so dass ich eigentlich alle besuchen konnte. Nur sehr selten sagte ich „nein" oder verschob um ein paar Tage das Treffen. Ich war also irgendwie immer auf „Abruf" und das belastete mich unterbewusst sehr.

Die ehemalige Bezirksleitern Frau B. wurde also Bereichsleiterin: das heisst anstatt 3 Gruppen zu betreuen waren es zwölf. Eine ganze Menge mehr Frauen zu unterstützen und sie wehrte sich anscheinend schon länger gegen ihre Nominierung. Aber wie so oft schauten die Hauptleiter Japaner F. und Frau M. und Herr B. nicht darauf, in welcher Verfassung jemand war, sondern wollten einfach wachsen als Organisation und dabei war die Erfahrung das wichtigste: Frau B. war zuständig für alle Übersetzungen weil sie fliessend Französisch und Italienisch und Spanisch sprach und auch das Schriftliche meisterte. Zudem war sie sehr gut im Englischen: ab und zu kamen Japaner nach Zürich und sie war da, um vom Englischen zu übersetzen.
Frau B. war zudem meine beste Freundin. Als ich im August 2008 nach Zürich zurückkam, hiess sie mich herzlich willkommen und das bedeutete mir viel. Obschon ich in den Jahren zuvor wenig

Kontakt hatte zu ihr, verband uns doch einige Erfahrungen innerhalb der Sekte.

Es war so, dass ich viel von ihr wusste, unter anderem dass sie wahrscheinlich ein Burn-Out also eine Erschöpfungsdepression hatte, die schon länger andauerte. Als Psychologin wusste sie am besten darüber Bescheid und klagte mir viel ihr Leid, dass sie eben nicht „nein" sagen konnte oder sich in der Organisation abgrenzen konnte. Eine gewisse Wut war auch da den Hauptleitern gegenüber, die sie aber nur zaghaft aussprach.

Es ist wie in einem Hamsterrad: bist du in dieser Sekte erst einmal eingespannt, kommst du sehr schlecht heraus ohne Schaden zu nehmen.

Auch als Bereichsleiterin neu ernannt im 2009 wurde Frau J. aus Chicago. Sie war mit einem Zürcher Buddhisten verheiratet, der aber wie mein Mann nie wirklich praktizierte und einfach als Lippenbekenntnis sagte er wäre Buddhist.

Nun sie war gesundheitlich angeschlagen, redete nicht gerne über sich selbst und private Dinge und sie war wirklich mondsüchtig, zumindest ist das meine Erklärung weshalb sie von einer Woche zur anderen sich anders verhielt: einmal war sie herzlich und offen, dann wieder verschlossen und zurückhaltend. Nicht nur zu mir. Im Kulturzentrum in Zürich hatten etwa hundert fünfzig Mitglieder Platz und ich und J. waren für den Bücherladen zuständig

und nahmen und gaben Geld aus. Ich nahm den Platz meiner Mutter ein, die diese Aufgabe inne gehabt hat. Frau J. war manchmal sehr traurig, weil sie ihre Familie in Chicago hatte.
Und sie litt sehr darunter, dass sie nun geschieden waren. Wie ich und mein damaliger Mann waren wir buddhistisch verheiratet: die Zeremonie war für die Unendlichkeit.

Die buddhistische Hochzeit findet statt indem alle Familienmitglieder einbezogen werden, auch wenn sie nicht Buddhisten sind: also die Eltern von meinem Mann und meine Eltern und wenn vorhanden die Geschwister und meine Geschwister. Dann wird das Gebet „Gongyo" gesprochen und dann wird dreimal aus einer Schale japanischen Sake-Wein getrunken: noch warm. Das bedeutet verheiratet für die Vergangenheit, Gegenwart und Zukunft.

Nun als ich mich von meinem Mann endgültig getrennt habe, erwähnte er noch, dass wir ohnehin immer verheiratet bleiben würden. Nun zum Glück glaube ich das nicht und fühle mich schon sehr frei nach sieben Jahren Trennung, so dass mich diese Vergangenheit nicht belastet.

Dann gab es da noch eine Italienerin A., die immer viele Zweifel der SGI gegenüber hatte, auch weil ihr Ex-Freund ein Online-Portal eingerichtet hatte, um die Wahrheit über die Machenschaften der Sekte zu veröffentlichen und Gegner war. Sie war oft mit mir im Gespräch und leider war ich ganz auf der Seite der Sekte, versicherte ihr, dass sie sich und ihren zwei kleinen Kindern Gutes tun würde, wenn sie praktizierte. Nun sie war die einzige, welche mich im Dezember 2008 im Krankenhaus besuchte als ich eine Zyste im Unterleib entfernen musste und für drei Wochen flach lag.

Sie war wie eine Schwester zu mir und ich werde dies nicht vergessen, obwohl ich auch mit ihr jeglichen Kontakt abgebrochen habe, weil ich alle, restlos alle Telefonnummern gelöscht habe von den SGI-Mitgliedern.

Auch Gruppenleiterinnen seit kurzem war Frau G. aus der Elfenbeinküste: sie war Schwarz, hatte drei Kinder von zwei verschiedenen Männern und musste drei Jahre zuvor ins Frauenhaus flüchten weil ich damaliger Mann sie mit der Pistole bedrohte im Suff.

Er war Alkoholiker fuhr aber für die Stadt Zürich Busse. Ich lernte sie kennen als sie schon eine schöne Wohnung von der Stadt bekam, als ihre Tochter mit 18 auszog und ihr 14 jähriger Sohn nebst dem dreijährigen mit mir redeten und spielten. Der 14 jährige sagte mal zu seiner Mutter: Karin würde es besser gehen wenn sie ihren Sohn bei sich hätte. Ich mochte ihn sehr. Er war in seinem jungen Alter schon sehr weit mit dem Verständnis für andere. Sie wurde meine besten Freundin, vertraute mir an, dass sie immer noch an Depressionen litt, und ich unterstützte sie wie ich nur konnte: mit Gutzureden aber auch mit Geschenke an ihre Kinder. Leider wollte sie keinen Kontakt mehr sobald ich aus der SGI ausgetreten war und ich vermisste sie einige Zeit später immer noch.

Ihre Mitverantwortliche der Gruppe Frau D. war verheiratet und hatte eine schlimme Schwangerschaft: sie war zusammen mit ihrem Mann auf Reisen in Indien und anderen Regionen Asiens als sie schwanger wurde. Leider nach sechs Monaten und als sie zurück in der Schweiz waren wurde eine furchtbare Diagnose gestellt: das Kind war nicht lebensfähig weil zu stark behindert: die Behinderung war eindeutig und Frau D. musste das Kind tot gebären. Ich und Frau B. waren an einem Nachmittag bei ihnen und ich hielt Frau D. lange in Armen. Aber eigentlich war mir sehr unwohl: was konnte ich ihr sagen: ich hatte ja einen gesunden Sohn und sie musste an dem Tag ein Mittel einnehmen, das die Totgeburt einleiten würde. Nun ich blieb nur so lange wie Frau B. blieb und am selben Abend ass ich ganz in der Nähe ein chinesisches Nudelgericht und dachte: ich sollte das Leben geniessen und jeden Tag schätzen.

Italienische Buddhisten

Auch die italienischen Mitglieder der Sekte waren interessant: da gab es M.-G., Bezirksleitern, Mutter von zwei Kindern und ihr Mann R. war Regionalleiter, hatte immer die Neusten Themen der florentinischer Leiter und ich fragte ihn immer danach ob die SGI in Ponte a Niccheri wieder einen Tag mit Prüfungen machen wollte, wie viele neue Mitglieder wir in der Region hatten und so. Er antwortete meistens, wenn auch ungern und kam aber auch später mal auf mich zu und fragte, ob ich Bezirksleiterin werden wollte. Ich wollte nicht und er respektierte das.
Ich war Gruppenleiterin und war für fünfzehn Leute zuständig. Da ich auf dem Berg wohnte und die Mitglieder am Abend die schwierige Serpentin-Strasse nicht mehr fahren wollten, trafen wir uns bei Herr R. in der Wohnung, die leider sehr klein war, so dass wir zu sechst gerade mal Platz hatten. Zum Glück konnten wir dann mit der Zeit zu Herr M.

gehen, der ein grösseres Wohnzimmer hatte und ab und zu auch zu Frau und Herr S. gehen konnten. Unsere Gruppe wuchs: immer wieder kam jemand neuer hinzu. Nur ich fragte mich, weshalb ich mit wenigen Leuten im Dorf über Buddhismus redete: nun der Fall war klar: sie waren alle Katholiken, die einen eingefleischter als die anderen, aber niemand wirklich interessiert an anderen Religionen.

Dann gab es da noch die andere Bezirksleiterin Frau L., Mutter von zwei Kindern und Ehefrau eines Militärpolizisten, welche keiner Religion angehören dürfen von Gesetzes wegen. Sie war eine gute Freundin für mich, wir redeten viel über unsere Kinder, verstanden uns gut und ich hatte aber auch von ihr wenig Unterstützung als ich mal in der Klemme war und überlegte eine Mutter in meiner Gruppe wegen Kindsmisshandlung anzuzeigen. Schliesslich wurde sie von ihrem Mann selbst angezeigt und die Mutter kam weinend zu mir und meinte sie wäre doch eine gute Mutter hätte sie keine psychischen Probleme. Ich war erschüttert dass eine so junge Familie mit einem einjährigen Sohn ein solches Drama erlebte. Ich hörte dann von jemand anderem, dass die Mutter eingewiesen wurde in die Psychiatrie.
Bei Herr und Frau N. war es so, dass sich die beiden auseinandergelebt hatten, sie vor allem

finanzielle Probleme noch zusammen hielt, er mir aber einmal alleine anvertraute, dass er seine Frau liebe und als Kind in einem Heim aufgewachsen war, so dass für ihn die Harmonie sehr wichtig war in einer Beziehung.

Finanzielle Probleme beutelten einige Italiener die ich gut kennenlernte. Ich selbst litt unter diesen Problemen, weil mein damaliger Mann sich selbständig gemacht hatte, allerdings nichts Positives schaffte: er wurde immer wieder um Geld gebracht, weil er nichts Schriftliches vereinbart hatte und wir gerieten in finanzielle Schwierigkeiten.

Ich kenne die Armut, obschon ich viele sprachliche Fähigkeiten habe, fand ich halt im November 2004 nur eine Stelle als Sachbearbeiterin. Und das Geld musste reichen um zu leben und das Benzin für das Auto und Versicherung für zwei Fahrzeuge zu bezahlen.

Ein Monat lang konnte ich nur Teigwaren mit etwas Hackfleisch, Pesto oder anderen Saucen machen, weil wir kein Geld hatten für Fleisch. Es hat mich gelehrt, dass ich bescheiden bleibe und versuche das Beste aus jeder Situation zu machen.

Ich bin heute sehr dankbar, dass ich vom Schweizer Staat mit einer Invaliden-Rente unterstützt werde, eben weil ich krank bin und nicht mehr hundert Prozent arbeiten kann.

Es gab noch weitere Buddhisten aus der Gegend: Frau und Herr B. mi einem gleichaltrigen Sohn wie Nikolas kamen in unser Leben und das war schön: sie machten vor sechs Jahren einen Vertrag, dass sie in einem alten Bauernhaus wohnen konnten, mussten aber alleine und mit eigenen finanziellen Mitteln ein anderes Haus renovieren, bis sie dann neu darin wohnen würden und Miete zahlen würden. Das fand ich interessant dieses Abkommen mit den Besitzern der Häuser, aber auch sehr schwierig für das Ehepaar, das umzusetzen.
Nikolas und ihr Sohn spielten gerne zusammen mit dem Familienhund.

Da gab es noch die Schwester von meiner Ex-Schwiegermutter, die eben schon zwanzig Jahre Buddhistin war: Unternehmerin und dann mit der Zeit Pensionierte, deren Mann an Krebs starb und die mich auf ihre Art unterstützte: sie lud mich ein zum Abendessen mit buddhistischen Freunden: ich ging alleine weil sie und mein damaliger Mann überhaupt nicht klar kamen miteinander.

Auch der Bruder und seine Frau von meiner Ex-Schwiegermutter waren schon über zwanzig Jahren Buddhisten, in der Gegend wo ich später wohnen würde.

Frau E. war eine sehr liebe und offene Frau, ein wenig der Mutterersatz für mich. Dadurch dass sie anderthalb Stunden entfernt wohnten, sahen wir uns eher im Kulturzentrum als bei meinen Schwiegereltern zu Hause.

Die SGI ist etwa in 58 Ländern auf der ganzen Welt mit einigen Millionen von Mitgliedern. Vielleicht brauchte ich deshalb über 18 Jahre, um auszutreten weil mir bewusst war, dass die Dimensionen die eine solche Organisation hat, erstaunlich gross waren und ich Angst hatte um deren Einfluss.

Ich wollte Teil von etwas Grossartigem sein, das mich aber fast zum Wahnsinn gebracht hat: Stunden um Stunden, manchmal sechs hintereinander rezitierte ich „nam myoho renge kyo". Viele Probleme hatten sich im Laufe der Jahre gelöst, ich war immer wieder motiviert weiter zu machen aber ehrlich gesagt habe ich klarere Antworten, jetzt da ich zu Gott bete als ich geduldig auf irgendwelche Lösungen wartete im Buddhismus. Klar es war schön mit meiner Mutter häufig zu telefonieren und auch sie war geduldig wie ich im Glauben: wir warteten vielleicht Jahre auf eine Veränderung, die wir uns wünschten in unseren Beziehungen zu unseren Ehepartnern, klar dass nach einiger Zeit sich etwas verändert, aber das ist so im menschlichen Leben und ist Schicksal.

Niemand kann beweisen, dass jemals jemand zum Buddha geworden ist.
Natürlich gibt es viele überhebliche Mitglieder wie auch bescheidene, aber Tatsache bleibt dass ich schwer krank war mit einer psychischen Beeinträchtigung und dass ich einfach eingespannt wurde ins Hamsterrad, aus dem ich erschrocken aber bewusst ausstieg im November 2010. Ich war also 37 Jahre alt als ich mich wieder auf die Suche machte, nach dem richtigen Glauben für mich. Mit 35 als ich mich trennte von Alessio war es genau im 7-Jahres-Rhythmus aber natürlich war dieser Moment auch wichtig in meinem Leben. Manchmal verschieben sich die Zyklen um ein oder zwei Jahre.

Abschied

Mehr als einmal erklärte mir die Buddhistin Frau M. dass niemand mehr Kontakt mit der Person haben darf, die aus der SGI ausgetreten ist und zwar weil diese Person sicher schlecht über die Organisation sprechen würde und so sein „Karma" verschlechtern würde. Deshalb löschte ich alle Adressen und Telefonnummer, so dass ich selbst nicht in

Versuchung kommen würde, jemandem anzurufen. Nur zwei Festnetznummern habe ich im Kopf gespeichert von Frau M. und Frau B. Aber bis heute habe ich nicht mehr angerufen und das wird auch so bleiben. Wenn ich jemand von der Sekte auf der Strasse oder in einem Restaurant begegnete, taten die so, wie wenn sie mich nicht kannten. Ich habe dann erfahren durch Mitglieder, die noch mit mir sprachen, dass leider die Bereichsleiterin und Psychologin Frau B. den dreissig Frauen im Bezirk nicht die Wahrheit gesagt: sie meinte, dass ich einfach krank sei im Moment, dass ich aber dann wieder kommen würde in die Versammlungen. Sicher war davon sicher überzeugt. Eine weitere Begegnung war nach etwa drei Jahren Austritt im Hauptbahnhof in Zürich mit der Amerikanerin Frau J.: sie umarmte mich und meinte „ruf mich jederzeit an". Da ich in Eile war, konnte ich ihr irgendwie nicht klarmachen, dass ich ihre Telefonnummer gar nicht mehr hatte. Auf jeden Fall hatte mich meine Schwester, die im Juni 2008 ausgetreten ist, schon vorher gewarnt, dass ich alle Kontakte verlieren würde und so ist es auch gewesen.

Nun um es ganz klar zu sagen: ich weinte nicht um meine Vergangenheit mit der Sekte, das war aber wohl so, weil ich abgelenkt war. Durch einen inneren Drang ging ich in die parapsychologische Gesellschaft in Zollikon bei Zürich und lernte ein amerikanisches Medium kennen. Zunächst machte sie an einem Abend klar, dass sie allen Menschen, die sie um Hilfe gebeten habe, geholfen habe. Ich war begeistert von ihrer Erfahrung und sie führte uns durch eine Tiefenmeditation in ein letztes Leben zurück zu kehren. Ich meinte mich in der Viertelstunde zu erinnern, dass ich im Körper eines Mannes und Waldförster und starb unter einem Baum in den Armen meiner Tochter. Heute würde ich auch sagen "völliger Mist". Aber damals brauchte ich wieder eine Gemeinschaft und in dieser Gruppe fühlte ich mich wohl. Es kam soweit, dass ich mich überreden liess eine Heiler-Ausbildung mit Rafael dem Heiler zu machen. Es kostete viel Geld, überhaupt mitzumachen und Rafael versicherte uns immer wieder, dass er uns ausgesucht hätte, nicht alle, die sich angemeldet hätten auch hier seien. Bin sicher dass wir uns alle gebaucht gepinselt fühlten und noch motivierter waren. Nun wir mussten unmögliche Dinge angehen wie das Wohnzimmer einer Bekannten von ihm zu beschreiben, obschon wir noch nie dort waren durch Tiefenmeditation und Hilferufen an Geister und der höheren Macht.

Nun die höhere Macht antwortete mir so wie sie wollte nämlich mit einer starken Psychose im Mai 2011. Noch dazu hatte ich eine dreimonatige

Liebesbeziehung hinter mir mit einer Frau, die sich als göttlich bezeichnete und nicht treu war.

Tiefe Krise

Ich hatte noch ein Vorstellungsgespräch wegen einer Arbeit am 16. Mai 2011: sie wollten mich unbedingt in ihr Team haben, weil ich genau die Eigenschaften hatte, die sie suchten: Ich hätte alle meine finanziellen Probleme gelöst mit 6'300 Schweizer Franken pro Monat Verdienst anstatt die 3400 im Call Center.

Während dem Vorstellungsgespräch hatte ich plötzlich ein anderes Gesicht vor mir als der Mann war: ich dachte ich hätte eine Frau vor mir, wurde unsicher und dann kam noch eine Person ins Zimmer, die ganz weiss gekleidet war: da dachte ich: aha jetzt kommt noch ein Psychiatriepfleger hinzu. Nach zwei Stunden ging ich dort heulend raus und wusste, ich musste meine Psychiaterin anrufen und sie bitten, mich in die Klinik einzuweisen.

Nun meine Schwester merkte ja eben, dass mir nicht gut ging und liess mich einweisen in die Klinik. Bin ihr bis heute dankbar dafür.

Die Klinik PUK in Zürich ist eine grosse Anlage mit verschiedenen Abteilungen; ich war in Abteilung „0" eine geschlossene Abteilung für Leute, die schwer traumatisier oder psychotisch sind. Aber auch Leute von der Strasse werden hier aufgenommen und es gibt auch einige Alkoholiker und Alkoholikerinnen. Bunt gemischt also. Ich war in einem Zweierzimmer zuerst. Nahm aber meine Zimmernachbarin nicht war. Meine Angst dort zu sein war grösser als alles Stimmen-Hören zusammen. Ich wurde in der Nacht eingewiesen und ich erinnere mich, dass ich wie plötzlich realisierte wo ich war oder besser gesagt meine Schwester erklärte mir, dass ich hier gut aufgehoben sei. Sie musste mit mir aufs Klo und mich auf den Klodeckel setzen und meine Hand halten während ich urinierte. Ich war terrorisiert und hatte Angst vor den Pflegern. Meine Post traumatischen Belastungsstörungen waren wohl Schuld an der ganzen Aufregung. Ich sah Bilder von Gewalt, die ich selbst erlebt habe in meinem inneren Auge und eine Stimme redete unaufhörlich in meinem Kopf „was machst du hier" „hast dich einweisen lassen" „jetzt kommen sie uns auf die Schliche" und das dauerte einige Stunden, bis ich schliesslich einwilligte, ohne meine Schwester ein „Temesta" zur Beruhigung zu nehmen. Ich kannte das Medikament vom KIZ Kriseninterventionszentrum in Zürich Militärstrassse, wo man in mehreren Intervallen einige Tage bleiben kann: essen und schlafen so viel man will. Die „Temesta"-Abgabe dauert aber nur zwei bis drei Wochen, weil man sonst abhängig wird.

Die Pflegerin im PUK wollte mich nicht erschrecken aber als ich alleine um morgen am vier Uhr im Aufenthaltsraum sass und mir zitternd eine Zigarette anzündete kam sie um nach mir zu schauen. Nun ich hatte das Medikament geschluckt und wartete auf die schlafbringende Wirkung, die leider auch nach einer Stunde noch nicht wirkte. Wir waren zwei Fremde: warum liess sie mich nicht einfach in Ruhe. Die Stimme im Kopf redete ständig. „Du musst hier sofort raus" „Das hält ja kein Affe aus". Irgendwann ging ich ins Bett und ES schlief. Ein Teil von mir war bestimmt die ganze Nacht wach, zumindest fühlte ich es so als ich um sieben Uhr geweckt wurde. Ein Fehler dachte ich, war ich ja erst vor ein paar Stunden ins Bett gegangen. Und die Pfleger schienen das plötzlich zu berücksichtigen. Sie liessen mich liegen und stellten mein Frühstück zur Seite für später. Das war sehr nett von ihnen. Nun am späteren morgen erwachte ich alleine und fühlte wieder diese Leere im Kopf: Mit „Temesta" ist es so wie wenn ein Hammer dich umhaut zum Schlafen und die Wirkung aber den ganzen langen Tag noch anhält wie wenn man zu viel getrunken hat. Meine Zimmernachbarin war ganz nett. Sie sagte zwar dass sie nicht schlafen konnte weil ich schnarchte worauf ich sagte „das wusste ich gar nicht. Tut mir leid."

Jeden Abend und das ganze lange 30 Male kam mich meine Schwester in der Klinik besuchen. Damals arbeitete sie in Rüschlikon, am anderen Ende vom See und musste mit dem 11er Tram bis Balgrist fahren in der Nähe von Rehalp. Das waren ganze anderthalb Stunden Weg und bis sie zu Hause war noch mal eine Stunde. Ich werde ihren Einsatz als Schwester und Schutzengel niemals vergessen. Wäre Sandra nicht gewesen wäre es mir noch viel schlimmer gegangen. Sie sprach lieb und langsam mit mir wie zu einem ängstlichen Kind und zusammen mit ihr sprachen wir mit den Pflegern. Ich gewöhnte mich daran zu erzählen was die Stimme so sagt zu mir und die Experten machten auch Spritzen, die meine Schwester autorisierte: ich musste beruhigt werden, meine Nerven waren offen und ungeschützt. Ich weinte viel auch bei den Fachgesprächen. Was ich mich bis heute frage: wann und wo hat Sandra überhaupt etwas zu Abend gegessen?

Ich hatte einen konkreten Gedanken, der mir von der Stimme auferlegt wurde: täglich bis fast stündlich: das sagte ich allen Pflegerinnen und dem

Oberarzt wenn er mich alle Woche traf und mir Fragen stellte. Ich sagte dann: ich bringe mich um mit einem Kugelschreiber und steche ihn in meine Halsschlagader. Nun niemand nahm mir den Kugelschreiber weg, den ich hatte um Tagebuch zu führen. Aber sie schienen allarmiert. Sie stellten mir auch Fragen wie: würden Sie das auch draussen auf dem Spaziergang versuchen zu machen? Wie schlafen Sie? Was denken Sie gerade jetzt? Nun ich konnte nicht mehr klar denken.

Dazu kam es, dass ich Kindheitserinnerungen verzerrt wahrnahm. Ich schäme mich, dass ich meinen Vater angeklagt habe, er habe mich sexuell missbraucht. Aber da ich mehrere sexuelle Gewalt in meinem Leben erlebt habe hat sich da irgendwas im Unterbewusstsein frei gesetzt und ich lügte. Aber ich konnte es nicht selbst erkennen.

Ich war fast drei Wochen drinnen in der Abteilung. Erst nach dieser Zeit liessen sie mich eine halbe Stunde alleine in den Garten. Es tat gut ein wenig frische Luft zu schnuppern.
Mein Nervensystem war noch sehr schwach. Ich war froh dass der Garten umzäumt war, so dass ich erst gar nicht versuchte zu entkommen und vor allem niemand eindringen konnte.

Das Essen war nicht besonders gut. Ich kaufte aber Süssigkeiten, die ich dann reinstopfte und natürlich auch mit dem Medikament „Zyprexa", das sie mir anstatt „Seroquel" gaben nahm ich Zehn Kilo in dreissig Tagen zu. Ich bat das Pflegepersonal mich auf Diät zu setzen und ich ass die restlichen zweieinhalb Monate nur Gemüse und ein Früchtemousse am Mittag: am Abend Brot und Konfitüre oder Birchermüsli. Ich nahm nicht weiter zu zum Glück.

Erste gesunde Schritte

Ich machte nach zwei Monaten grosse Fortschritte: eine Pflegerin gab mir den Rat dem Oberarzt zu sagen, dass es nur eine Stimme ist, die mich zum Selbstmord bringen will und es geschah etwas völlig Unerwartetes: er glaubte mir und sagte zu mir, dass ich einfach mehr und mehr andere gute Stimmen an mich heran kommen lassen solle und ab dem Nachmittag war die Abteilung offen also ohne klingeln zu müssen war die Eingangstüre offen. Ich war glücklich und im dritten Monat ging ich am Morgen um 8.15 eine Dreiviertelstunde einige Runden im Areal und dem Wald darin drehen und erfreute mich der Sympathie vom Pflegepersonal. Ich ging sogar in die Cock-Pag Stunde jeden zweiten Nachmittag eine Stunde und spielte am Computer Übungen, die dann gezielt ausgewertet wurden: ob meine Konzentration gut ist, ob ich genug schnelle Bewegungen mache und solche Dinge. Ich war auch in der Bewegungstherapie: machte mir am Anfang ziemlich Mühe, weil ich ja Post traumatische Belastungsstörungen hatte und meinen Körper am liebsten abgeschaltet hätte. Natürlich wusste die Expertin dass wir viele körperliche Traumata hatten und riet uns auf unseren Körper zu hören und wenn es zu viel würde, könnten wir jederzeit aufhören mit den Übungen. Und doch bin ich dankbar, dort gewesen zu sein. Denn leider hatte ich grosse Mühe seit dem psychischen Zusammenbruch mich mit Menschen zu behaupten. Auch auf der Strasse meine ich: auf einem Fussgängerstreifen musst du genau wissen, wo du hinwillst, sonst bleibst du auf der Strasse stehen. Ich lernte im Bereich des körperlichen mit Tanzen und bewusst Gehen, dass ich mich wieder in Griff bekommen konnte und auch heute noch denke ich gerne daran zurück, wie die Expertin laut sagte: suchen sie sich einen Punkt, wo Sie genau hinwollen und gehen bewusst darauf zu.

Zudem konnte ich dann wechseln anstatt Nordic Walking ging ich um punkt 9 uhr in die Arbeitstraining Gruppe und war überrascht wie modern das war: jeder hatte seinen Computer und wir machten anhand von Vorlagen Übungen am PC, die ich so nicht kannte. Ich lernte enorm viel und war glücklich etwas tun zu können, was ich auch vorher machte.

Es kam soweit dass mir Frau Rengger eine Aufgabe anbot, die mich einige Wochen beschäftigen würde: eine Power-Point-Präsentation über ein Thema meiner Wahl.

Anfangs musste ich das Programm nochmals lernen, hatte aber an der HSO Schule durchs Arbeitslosenamt bereits Kenntnisse und frischte die auf. Ich wählte das Thema Mobility also das Geschäft von der SBB Schweizer Bundesbahn und die zu mietenden Autos. Ich glaube es waren an die 1'500 Standorte und über 5000 Autos, die gemietet werden konnten. Den ganzen Vortrag hielt ich vor meinen Kollegen und Kolleginnen also Mitpatienten und Frau Rengger: es lief sehr gut, ich konnte mir alles merken, was ich sagen wollte und ging Hand in Hand mit der Präsentation am Computer. Es war ein grosser Erfolg und ich wurde sehr von allen gelobt. Sogar ein sehr kritischer Zeitgenosse sagte zu mir „das hast du wirklich gut gemacht". Ich schöpfte sicher auch dadurch mehr Zuversicht und dachte sogar daran, im geschützten Rahmen Arbeit zu suchen. Ich hatte mich nun in den letzten vier Monaten sehr mit meiner Krankheit abgegeben und wusste, dass ich wahrscheinlich eine lange Zeit nicht mehr in der freien Marktwirtschaft arbeiten konnte. Ich war nach vier Monaten soweit nur noch am Morgen von Montag bis Freitag in die sogenannte Tagesklinik zu kommen und hatte eine neue Aufgabe in der Holzwerkstatt. Es gelang mir alleine zu sägen nach wenigen Tagen, aber dann von einem Moment auf den anderen hatte ich wieder Angst vor allem: vor den Werkzeugen, dem Sägen, vor den Leuten und dem Ausbildner. Ich war verzweifelt. Die restlichen Morgen verbrachte ich mit Holzbrennen, also einer Aktivität die mehr Sicherheit bot und die ich auch gern machte: ich realisierte ein Schachbrett mit ganz genau gezogenen Linien.

Ich hatte in der Klinik mit vielen unterschiedlichen Menschen zu tun: die Mitpatienten, die mich zum Teil zum Wahnsinn trieben wie etwa ein junger, wahrscheinlich Obdachloser, der alles aber auch alles mit den Händen ass: eklig. Es gab auch ganz andere: die Lehrerin, die ein Burnout hatte, mit mir immer mehr redete. Meine Diagnose hatte ich ja erst jetzt und es war noch ungewohnt zu sagen „ja ich habe paranoide Schizophrenie". Obschon räumlich gesehen die Abteilung sehr klein war nur mit einem langen Gang und einer kleinen Nische, wo ich die meiste Zeit war. Trotzdem schaffte ich es viel alleine zu sein. Ich hörte auch auf Rauchen weil im Aufenthaltsraum alle rauchten und passiv rauchen keine Option war.

Sogar der Oberarzt gratulierte mir, dass ich Nichtraucherin geworden war und ich habe bis heute keine Zigarette angerührt. Mit Affermationen muss man arbeiten, das Aufhören Rauchen ist vor allem mental und da sagte ich mir häufig „ich will keinen Teer mehr in meinen Lungen". Habe es geschafft!

Dann gab es da noch einen Insassen der mich an meinen Vergewaltiger erinnerte und der einmal mir über den Kopf gestreichelt hat. Ich war wie erstarrt. Dann habe ich Alarm geschlagen: ich habe wohl den Pfleger der gerade Dienst hatte angeschrien, denn er starrte mich entsetzt an: „kommen Sie mit mir und diesem Arschloch reden. Der hat mich berührt!!!"

Wir gingen gemeinsam zum Streichler und ich sagte ihm in strengem Ton dass der Pfleger Zeuge ist, dass ich ihn gewarnt hätte, es würde kein nächstes Mal geben. Der Betroffene war überrascht und stammelte ein paar Worte. Von ihm hatte ich dann meine Ruhe: er mied mich überall und ich war zufrieden.

Ich hatte dann eine Zimmernachbarin in einem Dreierzimmer die aus Brasilien kam: soviel ich von ihr erfahren hatte sie auch Schizophrenie. Aber im

Gegenteil zu mir, welche die Diagnose akzeptierte und irgendwie erleichtert war eine zu haben, leugnete sie immer wieder dass sie überhaupt krank war. Sie nervte mich beinahe mit ihren Aussagen „ich bin versehentlich hier" und ich blieb dabei und sagte zu ihr, dass es sicher kein Fehler war dass sie hier war und sie solle mal aufhören, sich zu beschweren. Mit der Zeit gewöhnten wir uns aneinander, tranken viel am Nachmittag wenn ich frei hatte einen Kaffee und ich trank viel Kaffee allerdings vor allem den auf der Abteilung, der wie Wasser war. Die Cafeteria war ganz in der Nähe auf dem Areal und auf der Terrasse fand man meistens Platz um zu chillen. Auch hatte es ein Waldstück mit Aussicht auf den schönen Zürichsee und ich ging ab und zu am Abend mit einer Gruppe von der Abteilung Spazieren eben dort hinauf von wo die schöne Aussicht war.

Während der ganzen Zeit in der geschlossenen Abteilung aber auch in der Tagesklinik gab es keinen Arzt oder Pfleger, der mit mir die Stimmen wegschickte. Ich wusste nicht, dass ich ja diese Möglichkeit hatte. Aber alleine würde ich das dann später herausfinden und bin bis heute froh, dass ich schon sehr geübt bin die Stimmen mental wegzuschicken. Oft nur für zwei, drei Stunden und dann fängt das Diskutieren im Kopf wieder an.

Manchmal sind es ja zwei Stimmen, die mich plagen. Manchmal lass ich einfach los und versuche mich abzulenken: gehe Spazieren oder schaue einen DVD, so dass ich anders beschäftigt bin.

Ein wichtiger Moment in der Klinik war die Sozialarbeiterin, die für mich von Hand den Antrag an die IV ausstellte nach meinen Angaben und alle ärztlichen Unterlagen mitsendete.
Es dauerte insgesamt nur zehn Monate, weil ich schizophren bin und diese Krankheit bekannt ist dass sie sich im Laufe der Jahre nur verschlechtert, habe ich hundert Prozent Invaliden Rente. Was die meisten jedenfalls von der Sozialversicherungsanstalt nicht wissen, ist, dass es „Recovery" vom Englischen bedeutet „wiederherstellen" gibt.

Arbeitsbeschäftigung

Ich informierte mich, welche Möglichkeit es gäbe, wieder etwas zu arbeiten und fand eine Behindertenwerkstätte in Zürich.

Nach nur einem Telefonat mit dem Hauptverantwortlichen bekam ich eine Anstellung bei ihnen im geschützten Rahmen. Das heisst wenn ich auch gesundheitlich ausfallen würde, hätte ich den Job immer noch. Der Verantwortliche fragte mich nur „haben Sie Erfahrung mit Drucker?" „Ja, ich habe in einer Druckerei gearbeitet" und das war meine Antwort, und ich freute mich sehr wieder einen anderen geregelten Tagesablauf zu haben: ich benötigte 45 Minuten Weg nach Zürich zum Stauffacher und arbeitete von 8 bis 12 Uhr. Dort war auch eine eigene Mensa, so dass ich für wenig Geld wirklich gutes Essen bekam.

Ich lernte Esthi im Nordlicht kennen: ein Treff für psychiatrie- Erfahrene und wie sich herausstellte arbeitete sie auch dort. Wir waren beide lesbisch und ich dachte mir, vielleicht würden wir gute Freunde werden.

Die Zeit in der Behindertenwerkstatt war aufregend. Ich arbeitete aber nur mit Ex-Alkoholiker zusammen. Am Anfang waren wir zu dritt: zwei Männer und ich. Sie waren sehr nett zu mir, waren wohl auch froh, etwas zu Arbeiten und mit der Zeit wuchs die Abteilung, immer mehr Ex-Süchtige waren um mich herum und nur wenige Frauen. Es belastete mich, dass ich nicht mit Behinderten zusammen arbeitete, aber wie die Leiter erklärten wären die nicht im Stande solch aufwendige Arbeit zu leisten. Wir mussten Dokumente der Reihe nach einscannen mit den Geräten und dann nach genauer Vorlage klassifizieren das hiess Zahlung und Buchstaben einzugeben. Als dann die Arbeitsquantität viel weniger wurde war für mich schnell klar: ich wollte kündigen. Ich fand wieder innerhalb von drei Wochen, so lange dauerte es bis sie meine Unterlagen begutachteten, bekam ich Komplimente für meine guten Bewerbungsunterlagen und wurde ab Juni 2012 Angestellte bei der Brunau Stiftung in Zürich. Sie bilden Lehrlinge aus am Computer und meine Abteilung war das Giesshübel-Office. Wir waren zwölf Leute, innerhalb von zwei Jahren verdoppelte sich das Team Anzahl mässig ohne dass mehr Arbeit vorhanden war.

Und wieder hatte ich nach sechs Monaten Einarbeitungszeit zu wenig Arbeit. Ich fragte den damaligen Chef, der jetzt weg war weil früh pensioniert, ob er mir nicht etwas zu tun geben könnte. Er verneinte aber einer anderen jüngeren Mitarbeiterin gab er Arbeit. Das war eine sehr schwierige Situation für mich. Ich entschied mich einfach da zu sitzen und den morgen abzuwarten. Natürlich durfte ich ins Internet gehen und das machte ich auch aber nicht mehr als eine Stunde. So war ich fast drei Stunden ohne Arbeit und das hielt ich anderthalb Jahre durch. Aber meine Psyche litt darunter: ich hatte plötzlich keinen Antrieb mehr, schlief auch am Nachmittag viel und hatte eine massive depressive Verstimmung, die Woche für Woche schlimmer wurde: das war März 2013. Meine Psychiaterin kam mir nicht entgegen, als ich sie mehrmals fragte, ob sie mir ein Antidepressiva geben könnte. Sie schickte mich stattdessen in die Tagesklinik an der Militärstrasse in Zürich. Ich arbeitete also am Morgen und ging noch drei Mal die Woche in die Tagesklinik: Ergotherapie in der man basteln, malen kann und ich Seidenmalen erlernte, was mir sehr gefiel. Die Musikgruppe strengte mich an und auch die Diskussionsgruppe war nicht wirklich toll für mich. Obschon ich viel von mir einbringen konnte in Gruppengespräche und das war das einzig Positive: Frau Fronius, die psychologische Betreuerin sprach mich in der Pause an und fragte mich, ob ich Interesse hätte Vorträge für Pro Mente Sana zu halten. In der Vergangenheit hatte ich genau diese Idee fand aber im Internet keine Antwort ob es sowas gibt. Ich war hell begeistert und sie gab mir die Telefonnummer und Email Adresse von Franca Weibel.

Ich entwickelte ein Tick: immer nach der Tagesklinik am Nachmittag starrte ich in die Luft nach oben. Mein Blick ging einfach so weit hinauf dass es schon witzig aussah. Diesen Blick nannte ich

„starrer Blick" und ab und zu habe ich den immer noch drauf.

Die Müdigkeit war fast schon unmenschlich und ich schleppte mich jeweils nach Hause.
Ich klappte zusammen. Hatte eine Krise aber war nur präpsychotisch. Ich musste die Medikamente erhöhen und endlich bekam ich im Dezember 2014 ein Antidepressiva.
Schlagartig hatte ich eine Wirkung nach nur einer Woche: anstatt am Nachmittag zu schlafen war ich wach und anstatt um halb neun ins Bett zu gehen war das plötzlich halb Elf. Ich fühlte mich wieder voller Energie und freute mich, dass ich endlich wieder aufgestellter sein konnte. Im Geschäft gab es keine grossen Veränderungen: zwei Chefs kamen anstelle von einem und ich hatte viel Zeit zum Kaffee trinken und mit D. oder I. zwei Frauen zu reden. D. war auch lesbisch und geoutet im Geschäft, ich wollte das nicht. Es genügte wenn sie die Diagnose von mir wussten.
Die wenige Arbeit die ich hatte bestand darin die Konti von einem Kunden zu kontrollieren und zu buchen: Kreditoren also Lieferantenrechnungen und Debitoren also die Kundenrechnungen und dann diese Ein- und Ausgänge mit den Post- und Bankkonto abzustimmen. Das gefiel mir und ich

hatte nie irgendwelche Differenzen: ich arbeitete genau und effizient.

Dass ich zu wenig Arbeit hatte wussten alle Chefs und auch die Hauptbereichsleiterin, die im selben Grossraumbüro sass meinte nur ich solle nochmals meinen direkten Chef um Arbeit bitten. Dann kam nochmals ein Einbruch in meine Psyche. Wahrscheinlich sollte ich nochmals erfahren, was es heisst nicht fit zu sein. Ich fehlte ein bis zweimal die Woche und obschon ich es sagte, dass ich nur rumsitzen und die Stunden langweilig sind im Büro bestrafte mich mein Chef: anstatt mir die Lohnbuchhaltung zu erklären gab er diese Arbeit einfach einem Arbeitskollegen. Ich war frustriert. Privat ging es auf und ab: ich sehnte mich nach einer Partnerin. Im 2011 hatte ich eine dreimonatige Wochenendbeziehung und jetzt war ich seither auf der Suche: ich war in zwei Online-Portals und schrieb regelmässig Frauen an, allerdings schrieben wenige zurück und noch weniger traf ich. In der Zeit waren mir und sind bis heute die Freundschaften sehr wichtig.

Ich habe einen bunt gemischten Freundeskreis: vor allem auch mit lesbischen Frauen, aber auch Hetero Frauen, einem Hetero Mann, einem schwulen Mann. Und einige davon sind selbst krank: also haben Psychiatrie-Erfahrung und andere sind gesund. Ich kann nicht sagen weshalb ich nicht nur mit Betroffenen zusammen bin oder weshalb ich mir eine gesunde Partnerin gewünscht habe und diese in mein Leben getreten ist und wir seit April zusammen sind. Ich denke einfach dass man mir eigentlich die Krankheit nicht auf den ersten Blick ansieht. Meine Beeinträchtigung zeigt sich vor allem dann wenn ich präpsychotisch bin also Stimmen höre und damit nicht gut fertig werde. Aber sonst habe ich sehr gute Phasen, in denen ich viel unternehme und auch mal etwas länger aufbleibe.

Meine lieben Freunde sind auch im Alter sehr unterschiedlich: Loredana aus Florenz ist 62. Theo mein lieber Hetero Freund ist 52 und sehr kollegial. Ich schätze dass ich mich einfach in ganz unterschiedlichen Freunden widerspiegle und sie sich bei mir. Flavia ist die erfahrene Erwachsenenbildnerin und verheiratet mit Mary. Stella ist mein Fels in der Brandung. Marius als schwuler Mann sehr offen für die Fragen um Gott und die Welt.

Durch das Schulprojekt von Pro Mente Sana habe ich auch neue Freundschaften gefunden, bin sehr glücklich darüber.

Muttergefühle

Im 2012 geschah dann endlich im Juni etwas sehr Schönes aber fast schon Unerwartetes: ich musste auf die Gemeinde in Campi Bisenzio gehen und für Nikolas die Identitätskarte-Nachweis unterschreiben. Nachdem wir dort auf dem Amt waren umarmte mich plötzlich mein Sohn seit 2008 das erste Mal und ich hielt in einige Minuten einfach und genoss es.

Nikolas sagte zu mir: „Mamma ich möchte mehr Zeit mit dir verbringen und dich in Zürich besuchen kommen". Fast hätte es geklappt im Dezember 2012 aber leider war plötzlich die Sozialarbeiterin weg und es gab keine kompetente Person, die uns erlaubte, Niko ins Ausland zu nehmen für 10 Tage. Typisch Italien: in der Schweiz gibt es immer einen Stellvertreter, der etwas ausführen kann.

Nikolas und ich wurden vertröstet, aber beide waren wir sehr enttäuscht.

Meine Bemühungen all die Jahre in denen ich vier Jahre lang jede Woche einen Brief meinem Sohn gesendet habe, in denen ich etwa von meinem Spaziergängen berichte oder vom Hasen „Bohne" meiner Schwester und auch schrieb, dass ich ihn sehr vermisste.

Nun ich habe keinen einzigen Brief beantwortet bekommen. Aber damals begann unsere Beziehung wieder zu funktionieren. Seither rufe ich einmal in der Woche an und rede mit Nikolas. Wir haben uns dann jedes Mal als wir uns sahen lange umarmt und ich finde es schön, dass Nikolas sagt zu mir „Weisst du Mamma deine Umarmungen tun mir gut. Mehr brauch ich nicht". Er ist halt auch ein Gefühlsmensch, ein Bauchmensch, der vor allem sein Leben nach Liebe ausrichtet wie ich. Äusserlich ähnelt mir Nikolas nicht wirklich: die hohen Wangenknochen hat er von seinen italienischen Verwandten: aber das Kinn und Nase total von meinem Vater. Er ist mir ähnlich im Wesen: nett und liebenswürdig und sehr kommunikativ. Er redet mit Kleinkindern wie auch mit dem Buschauffeur oder der Serviertochter. Ich finde er ist ein sympathischer junger Mann geworden und bin stolz auf ihn: das sage ich ihm auch.

Seither vergeht kein Treffen mit meinem Sohn, in dem wir uns nicht lange umarmen und uns versichern, dass wir uns gegenseitig vermisst haben.
Ich habe das grosse Glück bei meiner besten Freundin Loredana zu wohnen und sie ermutigt mich auch immer wieder mit Nikolas Geduld zu haben wenn er mal wieder nicht schreibt am Handy

und sie hat schon alles Mögliche mit mir durchgestanden.

Ich habe es mir zur Gewohnheit gemacht nichts zu erwarten wenn ich nach Florenz gehe. Es wäre schlimmer für mich Erwartungen nicht erfüllt zu sehen als eben gar keine zu haben.

Das ist auch mein Erfolgsrezept, das ich vielen Frauen ans Herz legen möchte: lasst los, erwartet nichts und wenn etwas Erfreuliches geschieht seid glücklich. Ansonsten braucht es ihm Leben mit Kindern Geduld an erster Stelle und an zweiter Stelle nochmals Geduld.

Mein Sohn hat davon geredet einmal nach Zürich arbeiten zu kommen. Er macht in den nächsten zwei Jahren eine Ausbildung zum Bäcker/Konditor.

Aber bis dahin dass mein Sohn etwas Zeit in der Schweiz mit mir verbringt geht es noch eine Weile. Von seiner Seite muss vielleicht noch die Angst weggehen, dass ich für ihn sorgen kann obschon ich das seit 7 Jahren nicht mehr gemacht habe. Ich hab Nikolas auch gesagt, dass ihn mein Vater und meine Schwester also sein „Nonno Opi" und „Zia Sandra" in jeglichem Sinn unterstützen, so dass er seine Hemmschwelle abbauen kann und in die Schweiz kommt.

Ich habe Anfang 2012 einen Entschluss gefasst: ich möchte noch eine Lebenspartnerin finden. Am besten im Internet-Portal und habe zwei Seiten gefunden, die ich von früher her kannte. Nun um es kurz zu sagen: ich hatte wenig Erfolg. Ich hatte ja seit März 2011 keine Beziehung mehr und war eigentlich auch nicht bereit, mich wieder in einer Beziehung zu verstellen: ich wollte meine Traumfrau finden und mich nicht mit weniger zufrieden geben.
Das Schreiben, Telefonieren und oftmals Treffen mit unterschiedlichsten lesbischen Frauen forderte viel von mir: jedes Mal wenn ich nach einem Date ins Tram oder Zug stieg wusste ich, dass es kein zweites Treffen geben würde. Nun das ging etwa Zwölf mal so. Dann machte ich einen Unterbruch und schaute überhaupt nicht mehr ins Portal und mein Steckbrief: war frustriert und fragte mich, was mit mir nicht stimmte. Dass es an dem Portal selbst liegen könnte kam mir nicht in den Sinn. Ich traf weiblich aussehende Frauen, die völlig männlich dachten und jede Frau hatte irgend eine Macke oder Probleme. Eine Frau Ria hatte kein Geld um sich eine Pizza zu bestellen im Restaurant. Ich sagte, dass ich sie einlade. Sie wollte das nicht ass mir dann aber drei Stück Pizza weg. Na super. Oftmals war die Abneigung gegenseitig, so dass ich einfach abwarten sollte bis denn mal eine normale

Frau auftauchen würde und sich eine Beziehung anbahnen konnte.

Für mich war vor allem die Beziehung zu Nikolas wichtig.

Ich ging also alle vier Monate nach Florenz und brachte Geschenke mit für Nikolas: viel Kleider, einfach das was ich ihm ohnehin gekauft hätte. Er freute sich immer über die Sachen und vor allem musste ich literweise Himbeersirup vom Schweizer Hersteller bringen. Wir machten eine Suche ob in der Toskana Himbeersirup irgendwo vertrieben wird: aber keinen Treffer gefunden. Das muss beim Nikolas eine Kindheitserinnerung sein: als kleiner Knopf trank er immer diesen Sirup. Es gibt ein lustiges Foto in dem mein Sohn die Sirupflasche so hinhält wie wenn es ein teurer Wein wäre. Zum Totlachen.

Da ich seit Jahren kein Weihnachten feiere verbrachte ich die Betriebsferien mit Freunden, die ich zu mir nach Hause einlud oder ich war bei ihnen zu Besuch.

Scheidung

Das Jahr 2013 war ein Jahr der Freundschaft: ich hatte mir eine Auszeit gegönnt mit Dates. War eher eingestellt auf abendliche Zweisamkeit mit Freunden und Kolleginnen.

Dann endlich war es soweit: im November 2013 erhielt ich von meiner Anwältin aus Florenz Post und darin waren alle Unterlagen meiner Scheidung: das Sorgerecht erhielt nicht mein Ex-Mann sondern es blieb beim Sozialamt. Da Alessio keinen Anwalt mehr hatte, ihn wahrscheinlich nicht mehr bezahlte, konnte er diesen Entscheid auch nicht anfechten. Ich war Gott sehr dankbar, dass nun ein Machtwort gesprochen worden war und der Vater von Nikolas zwar mit ihm lebt, aber schlussendlich nicht entscheiden konnte ob Niko zu mir in die Ferien konnte oder nicht. Ich brauchte dann noch eine Anwältin in Zürich, die in vier Monaten die Scheidung in der Schweiz durchzog und weitere 6 Monate bis ich in Pontassieve in Italien geschieden wurde einfach weil schon in der Schweiz die Scheidung rechtskräftig war.
Im Mai 2014 konnte ich endlich wieder meinen ledigen Namen benutzen und schrieb diese Änderung zusammen mit einem Dokument der Gemeinde an alle Ämter mit denen ich zu tun hatte.

Ich feierte unter Freunden meine Freiheit. Mein Ex-Mann erfuhr von mir, dass wir nun offiziell geschieden waren: er tat überrascht, meinte nur dass er ja gar nichts unterschrieben hätte und ich meinte, das wäre auch gar nicht notwendig gewesen. Ich wollte auch keinen Kontakt mehr zu ihm. Das brauche ich auch nicht, weil nach vielen Jahren mein Sohn verstanden hat, dass ich nur noch zu ihm Kontakt möchte und wir uns alleine oder zu dritt mit Loredana treffen. Ich spaziere mit Nikolas alleine durch die Einkaufsstrasse von Florenz und er feilscht für mich auf dem Markt um eine lederne kleine Tasche, die ich verschenkt habe.

Medikamente

Etwa im März 2013 hatte ich sehr wenig Antrieb: vor allem am Morgen musste ich mich aus dem Bett schleppen und ich ahnte dass das nur die Spitze vom Eisberg war. Das ganze Jahr war gekennzeichnet mit diesen Schwierigkeiten und einem massiv erhöhtem Schlafbedürfnis. Ich döste oder besser gesagt schlief tief auch am Nachmittag zu Hause und ich konnte nicht mehr lange abends aufbleiben. Nach 21 Uhr war ich total müde und hatte keine Lust mehr auswärts Freunde zu treffen.

Das war eine gewisse Isolierung vom sozialen Leben.
Wer mich treffen wollte nur am späten Nachmittag, in der Zeit hatte ich noch genügend Konzentrationsstärke und freute mich über Aktivitäten wie Spaziergehen oder einfach Kaffee trinken in der Stadt. Essen tat ich wenig, litt unter Appetitlosigkeit. Alles Symptome, welche von den Medikamenten her kommen. Ich sprach das alles rasch an und meine Psychiaterin hörte mir zu: aber zu lange Monate verstrichen ohne mir zu helfen!!!
Im November 2013 wechselte ich von der Psychiaterin und ging zu einem Deutschen Psychiater, der schon länger in der Schweiz praktizierte. Auf seinen Rat musste ich mehr Medikamente nehmen, um die Präpsychose unter Kontrolle zu bringen. Ich lernte in der Tagesklinik Stella kennen, mit der ich auch heute noch Kontakt habe.
Ich war einige Wochen krank geschrieben und im Geschäft war das ja nichts Neues: jeder von den im geschützten Rahmen Arbeitende konnte ausfallen, manchmal Monate lang.
Dadurch dass ich ohnehin wenig Arbeitsvolumen hatte, waren die Arbeitskollegen vielleicht sogar froh, dass sie mehr Arbeit zugeteilt bekamen als sonst.
Allerdings lief das Tagesgeschäft schlecht:

Kunden sprangen ab, darunter ein Grosskunde der nach Jahren eine externe Sachbearbeiterin für die Buchhaltung einstellte. Meiner Meinung hach hätten unsere Verantwortlichen Chefs noch besser kämpfen sollen um das Mandat. Aber eben eigentlich war es dem Bereichsleiterin egal wieviel Arbeit vorhanden war. Im Gegenteil: viel mehr IV-Rentner wurden eingestellt, weil ja die Firma von der Invaliden-Versicherung viel Geld für jeden einzelnen Mitarbeiter erhielt.

Ich gebe mir selbst eine zusätzliche Diagnose: Depressionen. Mein Zustand verbessert sich nicht wirklich und ich fragte im Mai 2014 meinen Psychiater ob er mir endlich ein Antidepressiva verschreiben könnte. Ich bekam es und nach vier Tagen passiert das Unvorstellbare: ich war ganz wach und aufgestellt am Abend des 4. Tages und ich war bis 22.30 Uhr auf in dieser Nacht eben weil ich eine gute Grundstimmung habe und noch nicht müde war. Ja klar ich hatte ja auch seit Monaten unheimlich viel geschlafen. Das pendelte sich dann so ein. Ich wagte es nach einigen Wochen wieder mit meiner Schwester am Abend abzumachen oder mit Freunden ins Kino zu gehen. Ich fühlte mich erleichtert und vor allem konnte ich wieder befreit lachen.

Im August ging ich eine Beziehung mit einer Frau ein. Es war keine schöne Erfahrung weil M. mich sehr schlecht behandelte: sie drängte mich einerseits, ihr intensive Gefühle entgegenzubringen, sie selbst aber wollte mich nur alle paar Wochen eigentlich sehen und eines Abends stiess sie mich körperlich weg von sich und eröffnete mir, dass sie Angst habe vor meiner Krankheit und vor eventueller Aggressivität. Die Trennung war unmittelbar danach.

Nun ich schaffte es alleine, mich von negativen Gefühlen und der starken Enttäuschung stigmatisiert zu werden zu befreien und der Kopf und Herz waren wieder offen für eine neue Frau.

Bis dahin würde aber noch einiges geschehen. Ich wurde engagiert für Pro Mente Sana in Zürich Vorträge in Schulen zu halten über das Thema „Schizophrenie". Ich war begeistert und schrieb auf vier A4 Seiten meinen Vortrag und die Leiterin und Gründerin des „Schulprojekts Trialog" fand es klasse. Auch meine Vorträge waren ein grosser Erfolg: in Schulen und Institutionen treffen wir sehr interessierte und aufmerksame Schüler. Ich erzähle wie am Anfang des Buches über Recovery und Wahnvorstellungen und den Verlauf der Krankheit:

immer mit einem lachenden Herzen und geduldig Antworten geben. Ich halte im Durchschnitt sechs Vorträge im Jahr, ich hoffe auf mehr. Das hängt davon ab, ob die jeweiligen Schulen sich für das Thema Schizophrenie entscheiden oder andere: Depressionen oder Borderline. Nun ich bin ein Mitglied eines schönen Teams: alles Menschen, die selbst betroffen sind oder eben was Trialog heisst ein Angehöriger redet oder eine Fachperson also Psychiater oder Betroffener also ich.

Ich lernte wieder auf fremde Leute vertrauen, die mit jedem Vortrag gar nicht mehr so fremd waren.Meine Dankbarkeit ist gross allen gegenüber, die in mich vertrauen und da sind wenn ich etwas unsicher bin. Ich hatte auch schon Stimmen vor drei Monaten als ich den Vortrag hielt und als mich jemand fragte, sagte ich "ja ich höre Stimmen, möchte aber doch hier vor der Klasse sprechen." Die Moderatorin sagte später dass sie froh war, dass ich es gesagt hatte, weil ich dann weniger stigmatisiert wurde. Das heisst die Zuhörenden hatten grosse Achtung vor jemandem mit Stimmen im Kopf, die dann auch noch mit ihnen redet.

Chancen

Im Januar 2015 wurde ich beinahe eingestellt von einer Job-Coaching-Firma in Zürich. Der Inhaber war interessiert an mir, weil ich ein gutes Zwischenzeugnis besass und ihm einen guten Eindruck machte. Aber leider scheiterte es an der Schweizerischen Invaliden-Versicherung. Als ich anrief und fragte, welche Zuschüsse der zukünftige Chef haben würde, meinte irgendeine unwissende Beraterin, deren Namen ich nicht mehr weiss, dass das gar nicht vorgesehen wäre. Und so entschied sich die Firma doch für jemand anders. Heute weiss ich, dass ich drei bis sechs Monate gratis arbeiten gehen kann und während sechs Monate Zuschüsse für die Firma zugesprochen werden, weil ich vielleicht ein bisschen länger brauche, um mich einzuarbeiten. Nun ich war enttäuscht, im Nachhinein aber auch erleichtert weil ich hätte fünfzig Prozent arbeiten sollen und jeden Tag um 5.45 aufstehen müssen. Heute bin ich noch ein Stück weiter weil ich in der Stellenvermittlungsagentur gewesen: Minira heisst sie in Zürich und hilft bei Integration in die freie Wirtschaft.

Ich hatte mich Mitte März vom geschützten Arbeiten verabschiedet und meine Invaliden-Versicherungs-

Sachbearbeiterin hatte drei Monate Stellenvermittlung Minira zugesprochen. Ich ging frohen Mutes jeden Morgen von Montag bis Freitag nach Zürich Örlikon um meine täglichen Arbeiten zu erledigen: es gab auch das Compter-Spiele-Programm Cockpag wie in der Klinik: jeweils eine Stunde spielte ich und wurden dann die Daten ausgewertet: nun bei den Mathematik-Aufgaben hatte ich eine der besten Resultate weil ich eben die Aufgaben im Kopf löste. Des Weiteren hatten wir eine Stunde von vier mit dem internen Portal zu tun: wir mussten auf die Webseite einer beliebigen Firma gehen und wenn diese eine neue Stelle ausschrieb, mussten wir den Beschreib kopieren und einsetzen im Minira-Portal. Eine Aufgabe, die viel Konzentration und Geduld erforderte weil manchmal eben die Kopie nicht korrekt übertragen wurde und man musste jede Zeile anklicken und korrigieren. Dann war da das eigentliche Stellensuche für sich: auf verschiedenen Online-Portalen Stellenbeschreibe lesen und wenn interessant ausdrucken, um sich dann in der nächsten Stunde zu bewerben.

Ich lernte eine nette Frau kennen, mit der ich auch heute noch Kontakt habe. Mit den Männern in unserem Büro war ich sehr zurückhaltend, machte den Mund nicht auf, wenn sie etwas über mich fragten.

Nun ich habe meinem neuen Psychiater im März 2015 gesagt, ob ich die Medikamente erhöhen könne, damit ich wieder wacher werde am Tag und am Abend und er stimmte zu.

Nun es gibt vieles zu tun: ich sollte meine Tagesstruktur verbessern. Und konkrete Rehabilitationsschritte planen im Bereich Wohnen, Freizeit und Arbeit um Zukunftssorgen zu minimieren und für eine sichere geborgene zu sorgen.
Ich kann die Zukunftssorgen thematisieren mit Angehörigen, Freunden und Vorgesetzten um unnötige Belastung aus der Situation zu reduzieren.

Ich lenke mich ab: mit Walkman hören, Ohrstöpsel tragen, lautes Lesen, Summen oder Singen, Stimmen ignorieren, mein andern ein Gespräch anfangen, schlafen, mit auf Objekte in der unmittelbaren räumlichen Umgebung konzentrieren.
Den Stimmen sage ich mental, dass sie mich in Ruhe lassen sollen, dass sie weggehen sollen, dass sie lügen und Unsinn erzählen.

Immer wieder werde ich gefragt bei meinen Vorträgen, wie mein Leben, also vor allem mein Alltag aussieht

Neue Beziehung

Nun seit ich seit vier Monaten nicht mehr arbeite, stehe ich erst um 9 Uhr morgens auf, nehme meine Morgen-Tabletten „Fluctine" und frühstücke. Dann setze ich mich hin und überlege mir, was an diesem Tag wichtig ist: ich habe einen Haushalt zu führen und mindestens alle zehn Tage zu Waschen und dann einiges zu bügeln. Eine gewisse Organisation im Alltag muss unbedingt beibehalten werden.

Da ich fünf Tage bei meiner Partnerin und ihrer neunjährigen Tochter in der Zentralschweiz verbringe, lebe ich auch schon irgendwie aus dem Koffer. Nicht ausgeschlossen ist, dass wir nächsten Sommer zusammen ziehen in eine 4 ½ -Zimmer Wohnung. Ich würde mich natürlich freuen, wenn dann irgendwann auch mein Sohn dazu stossen und wir als echte Patchworkfamilie zusammen leben würden.
Mein ausgesprochener Familiensinn macht sich bemerkbar, weil ich von jetzt an immer als Mehr-Komponente-Person plane. Es gefällt mir vorzustellen, wie ich die kleine Tochter von meiner Partnerin aufwachsen sehe. Immer in Absprache mit meiner Liebsten, verhalte ich mich mal streng, mal weniger streng ihrer Tochter gegenüber. Spiel und Spass muss sein und wir gehen zu dritt oft auf

den Hügel zum Restaurant, das einige Trampoline zur Benutzung im Grünen stehen.

Die Beziehung zu Nikolas wird immer vertrauter und ich habe ihm ein Märchen nochmals geschrieben, das ich ihm 2007 gewidmet hatte. Es heisst Salokin also Nikolas Namen umgekehrt geschrieben.

Es war einmal ein kleiner Fuchs, ein Jungtier und wartete im Bau auf seine Mutter. Sein Vater war plötzlich nicht mehr von der Jagd nach Hause gekommen. Das machte Salokin traurig. Obschon die vielen unterschiedlichen Tiere im Wald Freunde waren und nach seinem Vater suchten: erfolglos.

Die Mutter Salokins kam bald nach Hause und brachte einen Happen zu Essen. Der kleine Fuchs war kein grosser Esser. Er ernährte sich auch gerne von Beeren ab und zu. Seine Mutter machte ein ernstes Gesicht als sie sagte: „Salokin wir müssen alle am Ende des Waldes über den Wasserfall gehen noch bis die Sonne untergeht, also beeil dich mit essen." Salokin stellte keine weiteren Fragen. Es war ihm schon aufgefallen, dass das Geräusch von dem Dorf im Wald immer näher kam. Nicht einmal die kluge Eule hatte eine Erklärung dafür. Aber immer mehr Tiere suchten Zuflucht im Territorium am Rande des Wasserfalls. Nun nach einigen

Stunden war auch der kleine Fuchs und Mutter über die zwei Bäume hinweg ans andere Territorium gelangt.
Die ältesten Tiere waren auch die gefährlichsten: der Wolf und seine Tochter Luna die Wölfin, die Salokin sehr lieb hatte waren da. Dann die Grizzlibärenfamilie sowie ein Braunbär. Auch Salokins Mutter wurde herbei gezogen, weil sie und ihr Mann schon mehrmals Kontakt hatten mit den Menschen im Wald und Umgebung. Der Plan war zu übersiedeln in einen anderen Wald. Weil die Abholzmaschine schon grosse Flächen vernichtet hatten. Die verschiedenen Kleintiere und Eule waren Zeugen, wie die Bäume gefällt wurden. Allerdings gab es da ein grosses Fragezeichen: wie sollten sie alle unbehelligt übersiedeln in ein Waldterritorium das hinter den Hütten der Menschen war. Der Rat diskutierte heftig. Salokin war bei Luna und schlief mit ihrem Duft ein. Er hatte einen intensiven Traum, wie wenn es tatsächlich passierte: er sprach in Menschensprache mit einem Jungen, ein Menschkind und sie berieten sich, wie die Tiere übersiedeln konnten: im Traum sah er in Regenbogenfarben alle Freunde Tiere in einem neuen Wald.
Als Salokin erwachte informierten ihn die Wölfe, dass seine Mutter früh aufgebrochen war zusammen mit der Eule, die sie führen würde. Der mutige Fuchs erzählte von seinem Traum und die Weisen Alten schauten ihn bedächtig an. „Das könnte auch passieren " meinten sie

und Salokin war neugierig auf die Menschen, vor allem auf das junge Menschkind.

Der Altenrat entschied, dass Salokin obwohl noch sehr jung seinem Traum, der wie eine Vision war, leben sollte. In der Nacht gingen Herr Braunbär, Herr Wolf und Frau Eule zum Fluss hinunter. Die anderen blieben in den Bergen und warteten. Einige Vögel flogen mit dem kleinen Grüppchen mit.
Es war dunkel und es war schwierig, den Fluss zu überqueren: aber Salokin schaffte es und er und Frau Eule gingen in die Nähe des Fensters der Holzhäuser, wo sie das kleine Menschkind gesehen hatte zuvor. Salokin ging nach seiner Nase: er roch den Jungen und ging bis in das hintere Zimmer und weckte den Jungen auf. Dieser wollte schreiben, aber Salokin wie durch eine magische Eingebung sprach in Menschensprache zu ihm: „Ich bin Salokin und brauche deine Hilfe. Nicht schreien bitte. „Der Junge Joshua blieb ruhig und hörte dem kleinen Fuchs weiter zu. Salokin beschrieb wie seinen ganze Gemeinschaft aus dem alten Wald vertrieben wird und dass sie gerne umsiedeln würden in das grosse Territorium hier gleich um die Ecke. Die ganze Siedlung der Menschen war eine Holzfabrik. Die Stämme wurden auch flussabwärts getrieben zu einem zweiten Sägewerk. Joshua versprach Salokin mit seinem Vater, dem Chef der Siedlung zu reden. Sie verabredeten sich in sieben

Nächte sich am Baum unten am Fluss zu treffen. Die Eule hatte Salokin auch nicht menschlich reden hören und so gingen sie beide zurück zum fluss, überquerte Salokin ihn und erzählte alles dem Ältestenrat. Diese waren zufrieden.

Viele Tiere konnten es fast nicht aushalten in den Bergen, waren sie doch ein Leben lang frei gewesen im Wald und nun mit anderen eingepfercht. Salokin schlief jede Nacht bei Luna ein. Die kleine Wölfin hatte einen flauschigen weissen Pelz und der kleine Fuchs träumte viel und wenn er in der Nacht aufwachte sah er das friedliche Gesicht von Luna und es machte ihm weniger aus ohne seine Mutter zu sein. Nach sieben Tagen war Salokin am anderen Ufer mit Joshua. Dieser sagte „Es klappt. Mein Vater sagt ihr könnt übersiedeln sie werden euch nichts tun." Salokin fragte zur Sicherheit: also auch der Bär und die Wölfe können kommen? Werden sie ihnen nichts tun" Joshua meinte ernst: „ihr könnt alle kommen" so lebten die Tiere wieder glücklich in einem Wald und Salokin war der Held des Jahres.
Auch der Vater von Salokin und seine Mutter tauchten wieder auf: die Familie war wieder vereint.

Schlusswort

Sie haben mich ein wenig besser kennengelernt durch diese Zeilen
und können sich selbst ein Urteil darüber bilden, ob das Leben mit Diagnose trotzdem ein lebenswertes ist.
Wie ich mir eine perfekte Welt vorstelle: sicher eine Welt, in der nicht nach Äusserlichkeiten entschieden wird ob jemand ein bestimmter Service bekommt oder eben nicht. In einer Zeit des Internets und Socialmedia wünschte ich mir direkten Kontakt zwischen den beiden Seiten: ein offenes Gespräch nicht nur obligatorisch mit der Invaliden-Versicherung sondern auch mit allen Beteiligten des täglichen Lebens: also auch Verwandte, die miteinbezogen werden.

Ich stelle mir vor, wie die eigenen Ressourcen von anderen gebraucht werden: wie Kinder und Jugendlichen Betreuung: Hausaufgaben lösen und kochen und schwatzen und spielen. Es sollte eine Gruppe Mütter geben, die auch Personen einbeziehen, die sozial benachteiligt sind. Natürlich gibt es immer eine Probezeit und ich als Betroffene muss natürlich unter Beweis stellen, dass ich auch fähig bin, mich um Kinder zu kümmern.

Mein persönliches Glück wäre auch dass ich meinen Sohn oft sehen kann. Er vielleicht mal in die Schweiz kommt einige Zeit. Ich würde für ihn und die Tochter von meiner Partnerin kochen am Mittag, am Nachmittag einen langen Spaziergang machen und viel lesen. Ich würde gerne meine Vorträge weiter halten für die Pro Mente Sana und ich würde sogar noch ein weiteres Buch schreiben, vielleicht über Themen, die ich jetzt im Rahmen meiner Autobiographie nur am Rande erwähnt habe.

Anhang

Die Schizophrenie-Erkrankung beträgt weltweit im Durchschnitt 1% der gesamten Bevölkerung und ist nicht auf eine Region auf der Welt konzentriert. Und das ist doch interessant, dass weder Umfeld, Natur oder Besiedlung eine Rolle spielen, wo die Krankheit ausbricht.
Der Professor Bleuler hat in der Schweiz erstmals die Krankheit benannt und Fälle genau untersucht.
Verlauf und Grad der Schizophrenie wurde lange als sich verschlechternd mit der Zeit erfasst.
Vor allem die sogenannten Negativ-Symptome wie Depression und Suizidgedanke sind sehr stark bei vor allem jungen Patienten. Grundsätzlich ist festgestellt worden, dass wenn jemand jung erkrankt ist, hat diese Person eine soziale Behinderung und vom Anfang der Erkrankung bis 15 oder 20 Jahre danach hat die betreffende Patientin/Patient keinen Fortschritt machen können weil Psychosen sich immer wieder manifestiert haben und weil die Behandlung trotz Medikamente Neuroleptika und Antidepressiva keine Verbesserung erzielen konnten. Anders wenn jemand mit 35 erkrankt, hat diese schon eine soziale stabile Rolle gespielt, ist vielleicht verheiratet und hat Kinder und der Verlauf ist gut, so dass diese innerhalb von 5 Jahren keinen Rückfall

hatte, dann ist es eher so, dass sie stabil bleibt und sich der Zustand nicht verschlechtert.
Natürlich gibt es auch Erfahrungen von Schizophrenie Patienten, die seit über zehn Jahren keine Krise mehr hatten. Daran ist festzuhalten und Hoffnung zu schöpfen.